atlas básico
de geografía
física

Parramón

Proyecto y realización
ParramónPaidotribo

Dirección Editorial
Lluís Borràs

Ayudante de edición
Cristina Vilella

Textos
José Tola

Revisión técnica
Eduardo Banqueri

Diseño gráfico y maquetación
Estudi Toni Inglés

Ilustraciones
AGE Fotostock, Alfa-Omega, Archivo Parramón, Eduardo Banqueri, Boreal,
Estudi Càmara, Jaume Farrés, Prisma, Josep Torres

Producción
Sagrafic, S.L.

Novena edición

Atlas básico de geografía física
ISBN: 978-84-342-2462-9

Impreso en España

© 2013, ParramónPaidotribo.
Les Guixeres. C/ de la Energía, 19-21
08915 Badalona (España).
Tel.: 93 323 33 11 – Fax: 93 453 50 33
http://www.parramon.com
E-mail: parramon@paidotribo.com

PRESENTACIÓN

Este *Atlas de geografía física* pone en manos de los lectores una magnífica oportunidad para conocer la formación y la evolución de nuestro planeta, así como las características y transformaciones que sufren los elementos que componen el paisaje. Constituye, pues, una herramienta de máxima utilidad para explorar el colosal hogar que alberga a los seres vivos, representados por las plantas y los animales, cuya relación con el medio constituye una parte esencial del equilibrio ecológico de la Tierra.

Los diferentes apartados de esta obra conforman una completa síntesis de la geología. Constan de múltiples láminas y numerosas figuras que muestran con detalle las características de los minerales, la actividad del planeta, el modelado del paisaje, el clima y la importancia del agua, tanto la que se encuentra en los mares como en tierra. Tales ilustraciones, que constituyen el núcleo central de este volumen, están complementadas con breves explicaciones y apuntes que facilitan la comprensión de los principales conceptos, así como con un exhaustivo índice alfabético que permite localizar con facilidad toda cuestión de interés.

Al emprender la edición de este *Atlas de geografía física* nos marcamos como objetivos realizar una obra práctica y didáctica, útil y accesible, de rigurosa seriedad científica y, a la par, amena y clara. Esperamos que los lectores consideren cumplidos nuestros propósitos.

SUMARIO

INTRODUCCIÓN

LA GEOGRAFÍA FÍSICA

Esta ciencia se dedica al estudio de los fenómenos físicos que tienen lugar en la superficie de la **Tierra**, y cuyo resultado es todo lo que vemos a nuestro alrededor y que designamos como paisaje. Toda esta serie de fenómenos afectan a los tres principales medios del planeta, es decir, la tierra (que constituye la **litosfera**), el aire (que forma la **atmósfera**) y el agua (que es el conjunto de la **hidrosfera**).

EL ESTUDIO DE LOS PAISAJES

Los grandes accidentes geográficos que podemos contemplar, como son las montañas, las llanuras o los valles, nos parecen eternos e inmutables, y la mayoría de las veces no somos capaces de observar cambios apreciables. Sin embargo, se encuentran en constante transformación, si bien la velocidad a la que lo hacen resulta demasiado lenta para nosotros y todo el proceso se prolonga a lo largo de los siglos, llegando a necesitar muchas veces varios millones de años para que se complete.

Aunque no se pueda apreciar a simple vista, las cadenas montañosas crecen y los fondos oceánicos se expanden.

Hablamos de **montañas** recientes, que presentan cumbres aguzadas y grandes relieves, y se trata de accidentes que aparecieron en el planeta antes de que existiera nuestra especie. La duración de la vida de cualquier organismo es muy breve en comparación con la escala a la que discurren los **procesos geológicos**. Los seres vivos más longevos son algunos árboles, que llegan a vivir tres mil años, pero esos tres milenios son sólo un pequeño espacio de tiempo en la vida geológica del planeta.

EXPLORACIÓN Y CONOCIMIENTO DE LA TIERRA

La geografía física se limitó en sus comienzos a la **geografía** y los primeros geógrafos describían los accidentes de la corteza como elementos inmutables que definían los lugares y que servían para orientarse. En esos primeros tiempos se discutía si la Tierra era plana o esférica, pues a escala humana no podía percibirse su curvatura. Durante mucho tiempo se supuso que vivíamos en una gran extensión de tierra firme que flotaba sobre un mar inmenso, pero que acababa en un lugar donde se precipitaba al vacío. Los navegantes que cruzaban el **Mediterráneo** durante la antigüedad no se

atrevían a adentrarse más allá de las "columnas de Hércules", el actual estrecho de Gibraltar, salvo para navegar sin perder nunca de vista la costa. Suponían que más allá del horizonte el mar finalizaba de golpe en una gigantesca cascada y que arrastraría irremediablemente a la destrucción a sus embarcaciones y a la muerte a todos sus tripulantes.

Aunque ya en la **Grecia clásica** los matemáticos hicieron cálculos en distintos puntos del mundo conocido que les permitió afirmar que nuestro planeta era un globo, la idea de que fuera plano perduró hasta bien entrada la Edad Media. Comenzaron entonces a aparecer los primeros **mapamundis**, más similares al aspecto real de los continentes.

Cuando **Colón** emprendió su viaje desde Palos de Moguer (sudoeste de España) al mando de las tres naves fletadas por la corona española, lo que buscaba era llegar hasta la India y los países productores de especias de Asia siguiendo una ruta alternativa por el oeste, ya que las vías comerciales que se dirigían hacia el este estaban bajo el dominio de otras potencias europeas. Sin embargo, eso sólo era posible admitiendo el hecho de que la Tierra fuera redonda, algo de lo que muchos todavía dudaban en aquella época. No obstante, Colón ya tenía referencias de otros navegantes y estaba convencido de que, efectivamente, se podía llegar hasta Asia rodeando el planeta en dirección hacia poniente, pero lo que ignoraba es que entre Europa y Asia existiera otro continente, que más tarde se llamaría América.

Años después, en 1519, Magallanes partió de España para dar la vuelta al mundo y aunque murió en 1521 en Filipinas, su tripulación, al mando de Juan Sebastián

Un oasis es una porción de terreno en el que se dan condiciones para la vida de las plantas y la actividad humana en medio de un espacio desértico.

Elcano, logró regresar a Sevilla seis meses más tarde, completando la primera circunnavegación a la Tierra. Posteriormente, los grandes viajes de exploración de las potencias marítimas, donde comenzaron a participar científicos y geógrafos de manera regular, permitieron ir haciéndonos una idea más precisa de cómo era en realidad ese globo. Los datos de cada viaje fueron aportando claridad y permitieron trazar una imagen real del conjunto de **tierras emergidas** rodeadas de una gran masa de agua que constituye el planeta Tierra.

En la primera mitad del siglo XVIII, la geografía adquiere ya una gran importancia y se convierte en una ciencia moderna. Su consolidación tiene lugar al cabo de poco más de un siglo y, así, a mediados del siglo XIX, la **geología** y la **geografía**, con la colaboración de otras ciencias, principalmente la **física** y la **química**, permiten hablar de una **geografía física** tal como la conocemos en nuestros días.

En la modelación del paisaje intervienen movimientos internos (terremotos, movimientos de placas, fallas, etc.) y agentes externos (viento, lluvia, hielo, etc.).

UN VISTAZO A NUESTRO PLANETA

En este atlas veremos los grandes campos de los que se ocupa la geografía física y que engloban al planeta en su conjunto, desde el momento en que surgió hasta nuestros días.

Vista desde el espacio, la **Tierra** es una esfera que gira, junto con otros planetas, alrededor del Sol. Su color ha variado a lo largo de los millones de años de su existencia y ello es debido a la atmósfera que la envuelve. Para poder entender el paisaje actual tenemos que remontarnos a los orígenes. ¿Cómo nació la Tierra? Apareció junto con los restantes planetas y el **Sol** al formarse el **sistema solar**. Hay que estudiar su composición y con ello veremos de qué está hecha, y lo mismo hay que hacer con la atmósfera, pues su actividad es muy importante en la formación del paisaje.

Con el tiempo, el agua es capaz de tallar profundos y hermosos desfiladeros, como éste del Gela Canyon (Utah, EEUU).

Los **minerales** y las **rocas** son un elemento esencial para conocer el planeta. Se formaron en sus orígenes y después han ido transformándose hasta dar lugar a la variedad que hoy conocemos. Para poder comprenderlo mejor, la historia geológica de la Tierra se ha dividido en grandes **períodos**, cada uno de los cuales presenta unas características propias.

Visto así el material que forma los accidentes geográficos, podemos pasar a ver su historia y su evolución, con lo que abordaremos el aspecto dinámico del planeta.

UN PLANETA VIVO

Llegó un momento en que la corteza terrestre se solidificó y dio lugar a un medio donde la presencia de agua hizo posible la aparición de la **vida**. Sin embargo, constituye una capa relativamente delgada que podríamos equiparar a la piel de una naranja. Por debajo de ella, el planeta continúa siendo una masa incandescente como lo fue en sus comienzos. En el interior de esa masa se producen corrientes de materia y, en algunos lugares, la masa incandescente rompe la delgada cubierta sólida, manando hacia el exterior, solidificándose y dando lugar a nuevas rocas. Es lo que conocemos como **vulcanismo**.

Los **volcanes** aparecen tanto sobre los **continentes** como en el fondo de los **mares** y contribuyen a formar nueva masa de la corteza. Pero también en la parte inferior de las **placas** que forman esa corteza se forma nueva masa, aunque al mismo tiempo en otros lugares se hunde y se funde, con lo cual la masa total apenas varía.

Esto es lo que llamamos la **actividad interna** del planeta. Gracias a ella, surgen las grandes estructuras que lo forman, pues de este modo es como nacen y

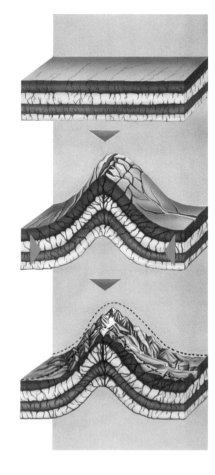

La geodinámica es la ciencia que nos permite estudiar la formación del relieve de la Tierra.

desaparecen continentes, islas, montañas, etc. Sin embargo, el aspecto que presentan hoy esos accidentes es distinto al que mostraban cuando surgieron. La razón estriba en que también la envoltura gaseosa que nos rodea es un medio en constante evolución. Al moverse el aire produce **viento** y además lleva vapor de agua que, en determinadas condiciones, se condensa y cae en forma de **lluvia** o **nieve**, dependiendo de la temperatura. Con su actividad, estos agentes externos modifican la corteza terrestre, es decir, que la erosionan y la transforman.

El agua desempeña un papel muy importante en todos estos procesos. Por esa razón vamos a estudiarla en sus diversos aspectos. La mayor parte del agua que hay en el planeta se encuentra acumulada en los **mares** y **océanos**, formando una enorme masa que cubre las dos terceras partes de la superficie terrestre. Al variar su nivel y al ejercer enormes fuerzas en forma de **corrientes**, **mareas** u **olas**, el mar hace que el aspecto de los continentes no deje de cambiar. En el interior de la tierra firme también existen masas de agua y aunque su volumen es mínimo en comparación

con el que existe en los océanos, son un elemento de primer orden en la formación de los paisajes. Además, el efecto provocado por las masas continentales de agua tiene lugar a mayor velocidad y a menudo es perceptible en el curso de una sola generación.

La geografía física estudia nuestro planeta tal como lo podemos ver hoy y no sólo las fuerzas geológicas y otros fenómenos del pasado. Para finalizar la visión de esta ciencia, dedicaremos unas páginas al mecanismo de formación de los paisajes, es decir, a la **erosión**. Ya sea el agua, el viento o el hielo, cualquiera de estos agentes no cesa de desgastar de manera más o menos lenta pero continua la superficie rocosa. A consecuencia de ese trabajo permanente se suavizan las formas bruscas generadas por las fuerzas interiores y sobre la superficie aparece una capa delgada que denominamos **suelo**.

Por último y como un complemento de gran utilidad práctica, veremos los modos como el hombre representa a una escala visible y abarcable para él las formas de los mares y de los continentes, creando **mapas** a distintas escalas y para distintos fines.

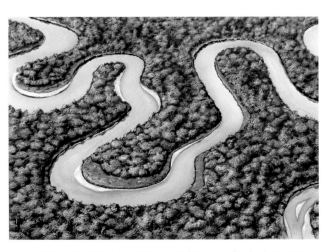

Los meandros se forman en terrenos casi llanos, en donde el agua traza continuas curvas buscando el suelo más fácilmente erosionable.

LA FORMACIÓN DE LA TIERRA

La Tierra que hoy conocemos tiene un aspecto muy distinto al que presentaba en el momento de su nacimiento, hace aproximadamente 4.500 millones de años. En aquel instante era una masa de rocas conglomeradas, cuyo interior se calentó y fundió todo el planeta. Pero más tarde se formó de nuevo una corteza sólida, apareció una cubierta gaseosa y se formó el agua. Esos dos elementos comenzaron entonces a modificar las formas que la corteza iba tomando a causa de la actividad interna del planeta.

EL ORIGEN DEL UNIVERSO

Hace unos 15.000 millones de años, según han calculado los astrónomos, se produjo una explosión de dimensiones desconocidas. Una masa de enorme densidad, donde los átomos aparecían densamente comprimidos, estalló. Es lo que se denomina el **big bang** o gran explosión inicial. La fuerza desatada impulsó esa materia tan densa en todas direcciones a una velocidad cercana a la de la luz. Con el tiempo, a medida que se alejaban del centro de la explosión y reducían su velocidad, masas de esa materia quedaron más próximas y así surgieron las **galaxias**.

Según la teoría más aceptada, el origen del Universo reside en una gran explosión inicial, conocida como big bang.

LOS ÁTOMOS

Constituyen la unidad básica de la materia. Están formados por un núcleo de neutrones y protones, rodeados de un cierto número de electrones que giran orbitando a su alrededor.

 Las galaxias son agrupaciones de hasta un billón de estrellas, con un diámetro de varias decenas de miles de años-luz.

LA DISTANCIA JUSTA

La Tierra dista del Sol unos 150 millones de kilómetros, la distancia justa para que conserve una atmósfera y que el agua pueda estar en estado líquido.

 La Luna carece de atmósfera y está expuesta al constante bombardeo de meteoritos, aunque sean diminutos.

LA FORMACIÓN DEL SOL Y SUS PLANETAS

Cerca del borde de una de las numerosas galaxias que surgieron en la gran explosión, la **Vía Láctea**, una porción de materia estelar se concentró en una nube más densa. Las fuerzas de **atracción gravitatoria** hicieron que la mayor parte de esa masa formara una gran esfera central y que alrededor de ella quedaran girando masas de menor tamaño. La masa central se convirtió en una gran esfera incandescente, una **estrella** llamada **Sol**. Las pequeñas masas que giraban a su alrededor dieron lugar a los **planetas**. El conjunto de todos ellos constituye el **sistema solar**.

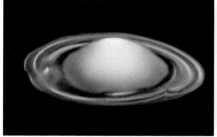 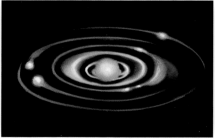 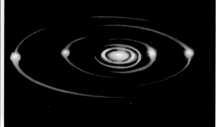

Tres fases de la formación del sistema solar. A partir de material intraestelar, en su centro se condensó una estrella (el Sol), y a su alrededor se fueron condensando otros cuerpos celestes (los planetas), que quedaron orbitando.

EL PLANETA SÓLIDO

Hace unos 5.000 millones de años, al formarse el Sol también se formó la **Tierra**. Tras un período inicial en que fue una masa incandescente, las capas exteriores comenzaron a solidificarse, aunque el calor procedente del interior volvía a fundirlas. Por último, la temperatura descendió lo suficiente como para que comenzara a establecerse una **corteza** estable. Al principio carecía de atmósfera y era bombardeada constantemente por meteoritos. La actividad volcánica también era intensa y grandes masas de **magma** salían al exterior, aumentando el espesor de la corteza al enfriarse y solidificar.

Venus

UN ESCUDO PROTECTOR

La atmósfera significa una cubierta que protege frente al espacio exterior, contra las radiaciones y la mayor parte de los meteoritos.

Marte

La corteza terrestre se formó muchas veces antes de solidificar definitivamente.

LOS MARES Y LA ATMÓSFERA

La actividad volcánica generó una gran cantidad de gases que formaron una cubierta gaseosa alrededor de la Tierra. Sin embargo, su composición era muy distinta a la actual, pero fue la primera capa protectora, que permitió la aparición del agua. Con oxígeno e hidrógeno se generaba **vapor de agua** en las erupciones volcánicas, que en el exterior se condensaba en forma de **lluvias**. Millones de años lloviendo acabaron por formar una cubierta de agua, la **hidrosfera**.

Mercurio

la Tierra

 La atmósfera actual es el resultado de la actividad de los organismos que poblaron los océanos tras la aparición de la vida.

Las condiciones de la atmósfera de la Tierra permiten que se desarrolle la vida. Mientras Venus tiene una atmósfera densa, Marte la tiene tenue y Mercurio carece de ella.

COMPOSICIÓN DE LA TIERRA

Haciendo un corte a través de nuestro planeta encontraremos que por debajo de la corteza aparecen distintas capas, cuya estructura y composición varía mucho de unas a otras. Todas ellas se superponen, envolviendo las más exteriores a las interiores. Pero por fuera de la corteza aparecen otras dos capas que tienen una gran importancia para el estudio de la geografía física, son la hidrosfera y la atmósfera.

LAS CAPAS DEL GLOBO TERRÁQUEO

El planeta no es una esfera rocosa uniforme sino que consta de muy diversos materiales, que se encuentran en estados distintos y que se disponen de un modo muy característico. Los datos que han logrado obtener los geólogos indican que si hacemos un corte en la superficie y llegamos hasta el centro nos encontraremos tres capas fundamentales: la **corteza** delgada, por debajo el **manto** y finalmente el **núcleo**. Pero a su vez, la corteza posee una zona superficial (**sial**) y otra profunda (**sima**); el manto consta de dos partes, una superior y otra inferior, y también el núcleo se divide en uno externo y otro interno.

El campo magnético de la Tierra no sólo afecta a la superficie, sino que se extiende miles de kilómetros por el espacio exterior.

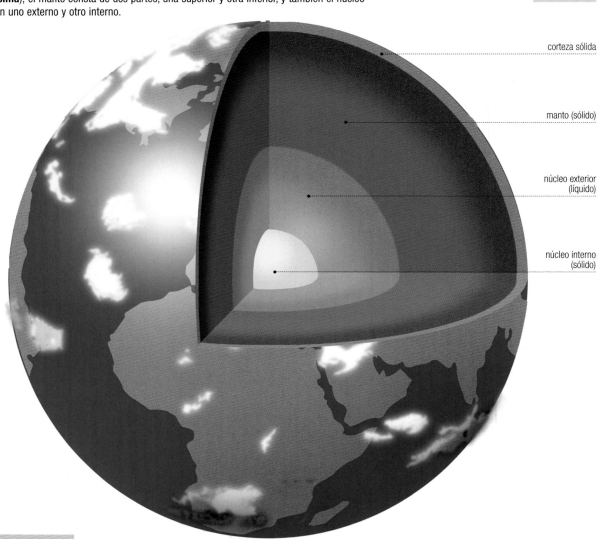

corteza sólida

manto (sólido)

núcleo exterior (líquido)

núcleo interno (sólido)

DISCONTINUIDAD

Mientras la corteza está separada del manto por una zona donde varía bruscamente la densidad de la roca: la **discontinuidad de Mohorovicic** (llamada Moho), el manto inferior está separado del núcleo exterior por otra zona con un brusco cambio de densidad: la **discontinuidad de Gutenberg**.

EL NÚCLEO

La capa más interna del planeta no es una masa densa y sólida como podría pensarse sino que se encuentra en estado semilíquido a pesar de la enorme presión reinante. De las dos partes de que consta, la más interna y densa está formada en su mayor parte por **hierro** y un pequeño porcentaje de **níquel**. Por encima de ella, rodeándola está el núcleo exterior cuya composición es más compleja y no se conoce del todo, aunque al parecer consta de oxígeno, carbono, azufre, hidrógeno y potasio, poseyendo una menor densidad que el núcleo interno.

ESTUDIO DEL INTERIOR DE LA TIERRA

Los geólogos sólo han logrado penetrar en la parte más superficial del planeta, la corteza, y no la han perforado en toda su profundidad debido a insalvables dificultades técnicas. Pero existe un método indirecto que permite conocer la composición del interior: se trata de la transmisión de **vibraciones**, ya sean naturales (**seísmos**) ya sean artificiales (**explosiones**). Midiendo la velocidad a la que se desplazan las ondas se puede averiguar qué tipo de material atraviesan y qué espesor tiene.

PRINCIPALES COMPONENTES DE LA CORTEZA

Elemento	Corteza continental	Corteza oceánica
aluminio	16 %	16 %
calcio	5,7 %	11,1 %
hierro	6,5 %	9,4 %
magnesio	3,1 %	8,5 %
potasio	2,9 %	0,26 %
silicio	62 %	49 %
sodio	3,1 %	2,7 %
titanio	0,8 %	1,4 %

EL CALOR INTERNO

Se supone que aproximadamente la tercera parte del calor del interior del planeta procede de la **energía térmica** acumulada durante su formación y que se va escapando lentamente. El resto se debería a la desintegración de **elementos radiactivos**. El núcleo se encuentra a unos 4.700 °C y el manto no debe superar probablemente los 1.000 °C, pues entonces se fundiría la roca y se sabe que es sólida. Por último, la corteza aumenta su temperatura unos 30 °C por kilómetro de profundidad. Pero la mitad del calor que escapa de la corteza procede del que ella misma genera por radiactividad.

Mediante las torres de perforación, los geólogos pueden extraer muestras del subsuelo y estudiar su composición.

ESPESOR DE LAS CAPAS DE LA TIERRA

Capa	Espesor aproximado
corteza	7 - 70 km
manto superior	670 km
manto inferior	2.230 km
núcleo externo	2.220 km
núcleo interno	1.250 km

Cuando una onda atraviesa dos medios de distinta densidad, deja de hacerlo en línea recta y experimenta una desviación que depende de la densidad.

El hierro es uno de los principales componentes de la Tierra. En la imagen, mina de hierro a cielo abierto.

LA ATMÓSFERA

La capa exterior de la Tierra es gaseosa, de composición y densidad muy distintas a las que presentan las capas sólidas que hay por debajo, pero es la zona gracias a la cual se desarrolla la vida y que, además, tiene una gran importancia para los procesos de erosión, que son los que han formado los paisajes actuales. Los cambios que se producen en ella contribuyen de manera decisiva en esos procesos.

EL ORIGEN DE LA ATMÓSFERA

Cuando se formó el planeta, los elementos más ligeros en estado gaseoso quedaron en la parte exterior formando una capa, pero probablemente desaparecieron poco después. Cuando se solidificó la corteza, la intensa **actividad volcánica** que tuvo lugar en los comienzos hizo que se formaran numerosos gases más densos que constituyeron la **atmósfera primitiva**. Su composición era muy distinta a la actual y estaba formada probablemente por **dióxido de carbono**, **dióxido de azufre**, **nitrógeno** y **vapor de agua**. Tras la aparición de la vida, la actividad de los organismos productores de **oxígeno** hizo que la atmósfera se fuera cargando de este elemento hasta adquirir la composición actual.

La niebla es una nube estratificada (formada por minúsculas gotitas de agua) que se instala cerca del suelo.

Gracias a la atmósfera es posible la vida en nuestro planeta, además de que sus agentes (el agua, el hielo, el viento, etc.), contribuyen a dar forma al paisaje.

Hace 2.000 millones de años la atmósfera sólo contenía un 1 % de oxígeno.

La atmósfera actual adquirió la composición que hoy tiene hace unos 370 millones de años.

UNA MEZCLA MUY VARIADA

Además de los elementos y compuestos químicos que se indican en la tabla de composición, la atmósfera lleva en suspensión muchos otros componentes. Uno muy importante es el **vapor de agua**, que condiciona el clima de la región y la existencia de las plantas. Además, lleva en suspensión partículas sólidas muy pequeñas como son arena de los desiertos, cenizas procedentes de las erupciones volcánicas, polen de plantas e incluso pequeños invertebrados que flotan formando un **plancton aéreo**. Todo ello condiciona su transparencia y numerosos fenómenos asociados como son la niebla, la lluvia, etc.

COMPOSICIÓN APROXIMADA DEL AIRE SECO

Componente	% de volumen	% de peso
nitrógeno	78	75,58
oxígeno	20,95	23,16
argón	0,93	1,28
dióxido de carbono	0,035	0,053
otros gases inertes	0,0024	0,0017
hidrógeno	0,00005	0,000004

La lluvia es la precipitación de gotas de agua formadas a partir del vapor de agua contenido en la atmósfera.

LAS CAPAS QUE COMPONEN LA ATMÓSFERA

La atmósfera se extiende desde la superficie de la corteza hasta más de 1.000 kilómetros de altura, aunque su densidad va disminuyendo progresivamente. Desde la superficie hasta el espacio exterior, se distinguen las siguientes capas: **troposfera** (es la capa más densa, donde se desarrolla la vida; llega hasta los 8-18 km), **estratosfera** (no se forman nubes y el aire es menos denso que en la troposfera; llega hasta los 50 km), **mesosfera** (llega hasta los 85 km), **ionosfera** (llega hasta los 400 km) y **exosfera** (se extiende desde los 400 km hacia el espacio, aunque a los 1.000 km prácticamente no existe atmósfera).

CARACTERÍSTICAS DE LA ATMÓSFERA LIBRE A DISTINTAS ALTURAS

Altura sobre el nivel del mar (m)	Presión (milibares)	Temperatura (° C)
0	1.013	15
500	983	11
1.000	898	8,5
1.500	845	5,2
2.000	794	2
3.000	700	-4,5
4.000	616	-11
5.000	540	-17
7.500	382	-33
10.000	264	-50
15.000	120	-56

exosfera (entre 400 y 1.000 km)

CADA VEZ MÁS FRÍO

En la troposfera, la temperatura disminuye de promedio unos 6 grados por cada kilómetro de altura.

ionosfera (hasta 400 km)

mesosfera (hasta 85 km)

estratosfera (hasta 50 km)

troposfera (hasta los 8-18 km)

Sólo los primeros kilómetros de la atmósfera tienen el suficiente oxígeno para permitir la vida, aunque éste disminuye de manera progresiva con la altitud.

HISTORIA GEOLÓGICA: EL PRECÁMBRICO

Desde su formación hasta nuestros días, la Tierra ha experimentado multitud de cambios. Las primeras etapas, desde la solidificación de la masa incandescente hasta la aparición de una corteza permanente, apenas han dejado evidencias de su paso pues muchas de las rocas que se generaban, volvían a fundirse más tarde. Ocupan un período primitivo muy oscuro todavía para la ciencia y sólo al final aparecen ya estructuras permanentes que han llegado hasta nuestros días.

LA HISTORIA DEL PLANETA EN EL TIEMPO

Los 4.500 o 5.000 millones de años de existencia de la Tierra, según los distintos autores, son un larguísimo período cuyo desarrollo ha constituido uno de los temas principales de estudio por parte de los geólogos. Sin embargo, los conocimientos disponibles más precisos se limitan a los tiempos más recientes, apenas algo más de 500 millones de años. Todo lo anterior, que ocupa la mayor parte de la edad del planeta, está salpicado de lagunas más o menos amplias y extensos períodos en que únicamente son posibles las hipótesis. A esa época de la historia geológica de la Tierra se la denomina de modo general **Precámbrico**. Recibe ese nombre indicando que precede al **Cámbrico**, que es cuando comienzan a aparecer gran cantidad de restos fósiles de **organismos pluricelulares**.

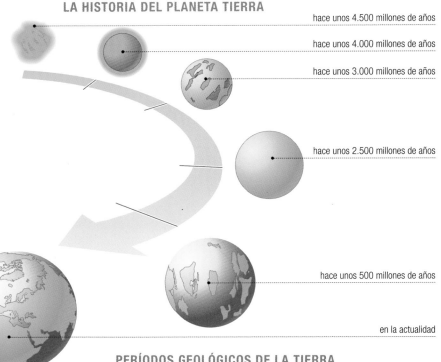

LA HISTORIA DEL PLANETA TIERRA

hace unos 4.500 millones de años

hace unos 4.000 millones de años

hace unos 3.000 millones de años

hace unos 2.500 millones de años

hace unos 500 millones de años

en la actualidad

EL EÓN

Es la unidad más grande de tiempo geológico, que se divide en varias eras. Cada era comprende varios períodos, divididos en épocas.

Cuanto más reciente es un determinado período geológico, más datos se disponen de él y es necesario dividirlo en grupos más pequeños.

LA PALEONTOLOGÍA

Es la ciencia que estudia los fósiles (seres vivos que poblaron la Tierra hace millones de años). Está muy relacionada con la geología.

PERÍODOS GEOLÓGICOS DE LA TIERRA

Eón	Era	Período	Época	Hace (millones de años)
Precámbrico	Hadeano o Prearcaico			4.500-5.000
	Arcaico			3.900
	Proterozoico			2.500
Fanerozoico	Paleozoica	Cámbrico		540
		Ordovícico		500
		Silúrico		430
		Devónico		410
		Carbonífero		345
		Pérmico		310
	Mesozoica	Triásico		225
		Jurásico		210
		Cretácico		150
	Cenozoica	Terciario Paleógeno	Paleoceno	65
			Eoceno	57
			Oligoceno	34
		Terciario Neógeno	Mioceno	23
			Plioceno	5
		Cuaternario	Pleistoceno	1,6
			Holoceno	0,01 (unos 10.000 años)

LOS MÉTODOS DE DATACIÓN

Se trata de los procedimientos que utilizan los geólogos para averiguar la edad de las rocas y los minerales. Los que proporcionan mejores datos son los de la llamada **determinación radiométrica**. Uno de ellos es el llamado **método del plomo**. Se basa en que los elementos radiactivos como el uranio o el torio van desintegrándose hasta transformarse en plomo. Para ello tardan un determinado tiempo, que es conocido. Si en un mineral se encuentran isótopos de uranio y de plomo, calculando la relación entre ellos se puede saber cuánto uranio se ha desintegrado y, por lo tanto, cuánto tiempo ha transcurrido desde que se formó la roca. Otros isótopos utilizados a menudo en este método son los del **rubidio-86** al **estroncio-87** y los del **potasio-40** al **argón-40**, aunque este último es menos fiable ya que el argón desaparece con facilidad de los minerales.

La galena es el único mineral de plomo que se encuentra en grandes cantidades en la naturaleza.

 El método del carbono radiactivo permite calcular edades de hasta 40.000 años y se utiliza principalmente para los restos de los seres vivos.

Diversos ejemplares de fósiles marinos del Terciario.

EL PRECÁMBRICO

Este largo período de la historia del planeta duró desde su formación hasta hace unos 540 millones de años, y se divide en tres eones caracterizados por grandes cambios en el planeta: el **Hadeano** es el más antiguo y abarca todo el tiempo en que la Tierra fue más o menos una bola incandescente, con lo que finalizó hace unos 3.900 millones de años, cuando la corteza ya quedó establecida. Comenzó entonces el **Arcaico**, que puede decirse que es el período más viejo de la Tierra solidificada. Durante ese tiempo se fue enfriando la corteza cada vez más, se formaron principalmente rocas ígneas y metamórficas y las lluvias acabaron por formar los océanos. Surgió entonces la vida, hace unos 2.500 millones de años. Desde ese momento, comenzó el tercer eón, el **Proterozoico**. Hasta hace unos 540 millones de años la vida estuvo representada sólo por organismos unicelulares. Cuando aparecieron los primeros organismos pluricelulares se dio por terminado el Proterozoico y, con ello, el Precámbrico.

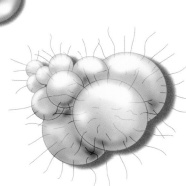

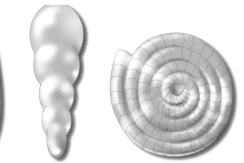

Los primeros organismos que poblaron la Tierra y fueron dominantes durante el Precámbrico eran unicelulares; alguno de ellos nos ha dejado fosilizado su esqueleto.

 Proterozoico significa "tiempo de vida inicial" y nos indica que durante este tiempo la vida sólo fue unicelular.

HISTORIA GEOLÓGICA: EL FANEROZOICO

Durante el oscuro período del Precámbrico se formó la mayor parte de la base material que constituye la corteza de la Tierra, en la que tienen lugar los fenómenos geológicos que nos afectan de manera más directa. Desde ese momento comienza lo que se denomina el Fanerozoico, una de cuyas características es la existencia de un gran número de fósiles, que demuestran la presencia de la vida pluricelular en un planeta ya perfectamente habitable.

EL PALEOZOICO

Esta era antigua duró unos 315 millones de años. El planeta era muy diferente al actual. Las tierras emergidas presentaban un aspecto de islas, más o menos grandes, dispersas alrededor del ecuador. Algunas de las principales eran **Laurentia** y **Gondwana**. Durante esta época se produjeron numerosos plegamientos y entre las principales rocas se encuentran cuarcitas, pizarras, calizas y areniscas. El clima era caluroso y húmedo. Los organismos pluricelulares comenzaron a proliferar y evolucionar, y la vida en el mar se hizo muy rica. Las primeras plantas colonizaron la tierra firme y pronto formaron grandes bosques, y en el mar aparecieron equinodermos y más tarde los peces. Algo más adelante los anfibios, los insectos y después los primeros reptiles.

Los trilobites, una clase de artrópodos ya extinguidos, llegaban a alcanzar los 70 cm. Fueron muy abundantes durante el Paleozoico, hasta el punto de caracterizarlo.

→ La extinción de los dinosaurios fue rápida a escala geológica, pues duró sólo unos pocos miles de años y probablemente se debió a un cambio climático.

Escena del Mesozoico.

Los grandes bosques del Carbonífero produjeron los actuales yacimientos de carbón.

EL MESOZOICO

Esta era intermedia duró unos 160 millones de años. Al comienzo, todos los pequeños continentes que había habido durante la época anterior habían ido reuniéndose y formaron un único continente gigantesco, llamado **Pangea**. Los principales plegamientos se produjeron en América, formándose las Rocosas y los Andes. El clima fue caluroso pero más seco que en el Paleozoico. En tierra firme esta época fue de dominio de las **coníferas**. Entre los animales hay que destacar el enorme desarrollo de los reptiles, que durante el Jurásico dieron lugar a los **dinosaurios**. Antes de que éstos se extinguieran surgieron las aves y los primeros **mamíferos**.

Introducción

Origen
de la Tierra

**Historia
geológica**

Cristalografía

Los minerales

Las rocas

Actividad
del planeta

Meteorología

Tipos
de clima

Mares y
océanos

Las aguas
terrestres

Formación
del paisaje

La erosión

Paisajes
humanos

La cartografía

Índice
alfabético
de materias

EL CENOZOICO

La última era, y más reciente, lleva durando 65 millones de años. Los continentes ya presentaban aproximadamente el mismo aspecto que en la actualidad, aunque el océano **Atlántico** era todavía estrecho por lo que las costas de América al oeste y Europa y África al este se encontraban todavía relativamente cercanas. Además, la **India** estaba en el centro del océano Índico, desplazándose hacia Asia. La actividad formadora de montañas fue muy intensa y se constituyeron grandes cadenas como los **Alpes**, el **Atlas** y el **Himalaya**. El clima fue enfriándose paulatinamente hasta que grandes superficies del planeta quedaron cubiertas por el hielo a comienzos del **Cuaternario**. Fueron las **glaciaciones**.

El mamut, una especie de elefante, resistió durante las grandes glaciaciones gracias a una espesa piel y largas crines. Se extinguió hace poco más de diez mil años.

Distribución de los continentes: arriba, hace 520 millones de años; abajo, hace 80 millones de años.

Laurentia

Báltica

línea del ecuador

Siberia

China

África

Gondwana

Australia

línea del ecuador

América del Sur

América del Norte

Antártida

Australia

Asia

India

África

Dentro de unos 200 millones de años podremos viajar en automóvil directamente por todos los continentes, porque se habrán fusionado de nuevo.

EL CUATERNARIO

Se designa así al período comprendido entre hace unos 2 millones de años y la actualidad.

LA DERIVA CONTINENTAL

Recibe este nombre un fenómeno por el que los continentes se van desplazando a lo largo de los millones de años de la historia geológica. Se debe a que cuando sale material del **manto** a través de la corteza oceánica, se crea una fuerza que empuja la zona ocupada por el continente (las placas) y en consecuencia el continente cambia de posición. Además, muchas veces sucede también que parte del territorio del continente se funde por uno de sus bordes y el resultado es un cambio de forma.

El Himalaya (que en sánscrito significa "la morada de las nieves") es una cadena montañosa que se origina por la colisión del bloque continental indio con el bloque euroasiático.

19

CRISTALOGRAFÍA

Una afición muy frecuente es la de coleccionar minerales, especialmente los que presentan formas definidas e incluso un aspecto de gran belleza, a muchos de los cuales designamos como cristales. Los minerales constituyen una de las formas en que se presenta la materia inorgánica en la naturaleza. A menudo lo hacen presentando una estructura geométrica característica. La cristalografía se dedica a estudiar estas estructuras llamadas cristales.

pirita

calcita

sal gema

LOS CRISTALES

Los minerales pueden aparecer en la naturaleza de dos maneras: sin presentar ninguna forma definida (**amorfos**) o dispuestos siguiendo una estructura geométrica muy definida (**cristales** o **minerales cristalinos**). Para que los cristales puedan formarse necesitan una cierta cantidad de espacio; por ese motivo suelen aparecer en las grietas de las rocas o en las cavidades huecas que se producen en muchas de ellas o englobados dentro de rocas blandas y deformables, que permiten su crecimiento.

ANISÓTROPOS E ISÓTROPOS

Muchos cristales reaccionan a una acción física de modo distinto según la dirección en que se produzca; se dice que son **anisótropos**. Los minerales amorfos son **isótropos**: reaccionan a una acción física siempre igual, independientemente de la dirección.

↓

El **ángulo diedro** es el ángulo formado por dos planos indefinidos que se cortan.

UNA LEY UNIVERSAL

Los **cristales**, como hemos dicho, se caracterizan porque tienen una forma geométrica concreta. Sin embargo, a simple vista, muchas veces cuando vemos un mineral sólo encontramos unas cuantas caras geométricas, a veces a medio formar y que en conjunto nos dan la impresión de no tener una forma definida. A pesar de que exteriormente puedan parecernos irregulares o casi deformes, en **cristalografía** se les considera **cristales regulares** porque cumplen una ley fundamental: «cuando las condiciones de temperatura son las mismas, los cristales de un mismo tipo tienen los mismos **ángulos diedros**». A esto se le llama la **ley de constancia de los ángulos diedros**.

Los cristales de una ventana son una masa amorfa fundida y aunque les demos ese nombre no son realmente cristales, son vidrios.

CLASIFICACIÓN DE LOS CRISTALES

En cualquier cristal puede haber tres elementos de simetría:

1) **eje de simetría**, la recta en la que si gira el cristal ocupa una o más veces la misma posición;

2) **plano de simetría**, el plano que divide el cristal en dos mitades simétricas;

3) **centro de simetría**, un punto en el que todas las caras del cristal son paralelas dos a dos.

Algunos cristales tienen estos tres elementos de simetría, en otros falta alguno de ellos y en unos pocos faltan los tres. De este modo se pueden clasificar todos los cristales de la naturaleza: hay 32 **clases**, 31 con alguna simetría y 1 sin simetría.

El olivino es un mineral magmático que presenta cristales rómbicos.

LOS TRES ELEMENTOS DE SIMETRÍA PARA CLASIFICAR LOS CRISTALES

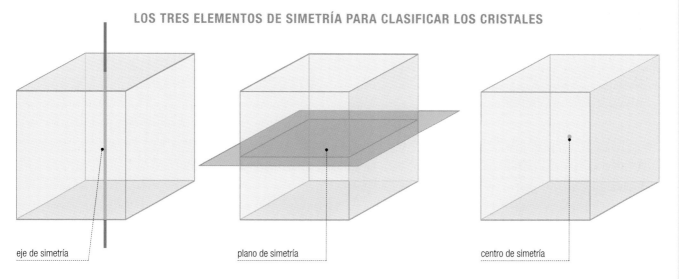

eje de simetría

plano de simetría

centro de simetría

ALGUNAS FORMAS SENCILLAS DE CRISTALES

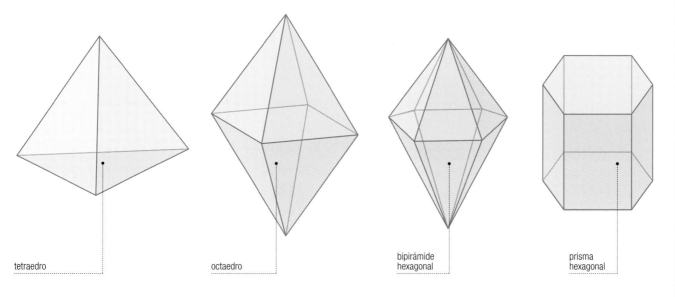

tetraedro

octaedro

bipirámide hexagonal

prisma hexagonal

LOS MINERALES

La mineralogía es la ciencia que estudia los minerales. Éstos son cuerpos de materia sólida que aparecen de formas muy diferentes, ya sea aislados ya sea como componentes de las rocas. Para estudiarlos se pueden abordar sus distintas propiedades como la dureza, la geometría (que ya hemos visto en cristalografía), su composición química, etc. Los minerales son muy importantes puesto que de ellos procede gran parte de los objetos que utilizamos en nuestra vida cotidiana.

CARACTERÍSTICAS DE LOS MINERALES

El vidrio de una ventana no es un cristal, aunque está hecho a partir de minerales cristalinos, y una roca tampoco es un mineral sino un material formado por varios minerales. Para comprender lo que es un mineral pueden enumerarse sus características:

1) es una sustancia **sólida**, porque los líquidos no tienen una estructura geométrica fija;

2) es de naturaleza **inorgánica**, por eso el caparazón de un molusco no es un mineral aunque contenga minerales;

3) se encuentra en la **naturaleza**;

4) tienen una **composición química fija**, aunque pueden llevar alguna sustancia contaminante que modifique su color.

MACLA

Conjunto de dos o más cristales que guardan simetría entre sí. Las maclas suelen resultar cuerpos muy curiosos y hermosos.

Los minerales se presentan a menudo en la naturaleza formando masas en las grietas de una roca. Esto se denomina **veta** o **filón**.

El oligisto, también conocido como hematites, es un mineral de gran utilidad para el hombre, ya que de él se obtiene hierro muy puro.

Bloque de pirita en macla.

Piezas de sílex trabajadas, empleadas por los hombres prehistóricos para la caza, trabajar las pieles, etc.

El hombre utiliza minerales desde la prehistoria para fabricar utensilios, herramientas y armas.

ESCALA DE DUREZA DE MOHS

Nº	Ejemplo	Característica
1	talco	se raya fácilmente con la uña
2	yeso	se raya con la uña
3	calcita	se raya con una moneda de cobre
4	fluorita	se raya con acero
5	apatito	se raya con acero
6	feldespato	raya con dificultad el cristal
7	cuarzo	raya fácilmente el cristal
8	topacio	raya fácilmente el cristal
9	corindón	raya fácilmente el cristal
10	diamante	raya fácilmente el cristal y sólo le raya otro diamante

PROPIEDADES FÍSICAS DE LOS MINERALES

Para clasificar los minerales es importante observar una serie de propiedades físicas:

1) **color:** algunos minerales pueden presentar varios debido a las impurezas;

2) **color del mineral pulverizado:** rayándolo con un objeto más duro se obtiene un polvo de color característico;

3) **brillo:** puede ser metálico (p. ej., hierro) o no metálico (p. ej., nacarado, sedoso);

4) **índice de refracción:** un rayo de luz que atraviesa un cristal se desvía un ángulo característico de cada mineral;

5) **birrefringencia:** algunos minerales dividen en dos un rayo de luz que les atraviesa;

6) **luminiscencia:** algunos minerales emiten luz al iluminarlos;

7) **dureza;**

8) **exfoliación;**

9) **peso específico;**

10) **fractura.**

Dos minerales pueden tener la misma composición química pero estructura cristalina distinta, como el diamante y el grafito.

La mica es un mineral frágil y que se exfolia (se convierte en láminas) con facilidad.

El diamante es carbono puro, cristaliza en el sistema cúbico, tiene un gran brillo y es de gran dureza. Las piezas más hermosas son muy apreciadas en joyería, mientras que ciertas piezas son utilizadas en mecánica industrial como elemento de corte, rectificación, afilado, etc.

El yeso, que se presenta bajo diversas formas y, por lo general, abundante, se utiliza a gran escala en la construcción.

ALGUNOS DE LOS MINERALES CRISTALINOS MÁS COMUNES

Dureza	Nombre	Característica
1	talco	color blanco, verdoso o pardo, o incoloro no aparece en cristales aislados
2	yeso	color blanco a menudo forma cristales grandes
2	mica	generalmente incoloro forma cristales de aspecto hojoso
2,5	clorita	color verdoso cristales muy pequeños que apenas se ven
3	calcita	color normalmente blanco en ocasiones forma cristales grandes
3-4	serpentina	presenta formas y colores muy diversos a veces fibroso como el asbesto
4	fluorita	incoloro, anaranjado o de color púrpura forma cristales cúbicos
5,5	anfíbol	color oscuro, a veces verdoso forma cristales alargados
6	apatito	color variable, blanco grisáceo, azulado o violeta forma cristales de muchos tipos
6	feldespato	color blanco o ligeramente rosado forma maclas
6,5	olivino	color verde oliva, que puede ser claro u oscuro forma varios tipos de cristales
7	granate	color rojo, verde o marrón forma cristales grandes
7	cuarzo	color blanco o incoloro a menudo forma cristales grandes

TIPOS DE MINERALES

Los minerales que constituyen la corteza terrestre se han formado a partir de los elementos químicos originales, gracias a las reacciones que tuvieron lugar en el interior del planeta. Por ese motivo, las combinaciones son muy numerosas.

Para poder ordenarlos se les ha clasificado según su modo de formarse, según sus características cristalográficas, según la composición química, etc. Vamos a ver en estas páginas algunos ejemplos de los más conocidos.

TIPOS DE MINERALES POR SU ORIGEN

Aunque es la manera menos precisa de clasificarlos, es útil para tener una primera idea general de las clases de minerales. Según el modo en que surgieron, pueden ser:

1) **minerales magmáticos:** son los que cristalizaron directamente a partir del magma. Tienen una estructura cristalina bien formada (p. ej., cuarzo, feldespato, mica, olivino, topacio, granate);

2) **minerales sedimentarios:** se originaron durante los procesos de sedimentación en aguas dulces o saladas (p. ej., yeso, sal común, fluorita, silvina);

3) **minerales metamórficos:** cuando un depósito mineral se ve sometido a procesos de metamorfismo (aumento de presión y temperatura) sufre una serie de transformaciones estructurales, químicas y texturales que dan lugar a la formación de nuevos minerales (p. ej., andalucita, talco, granate, grafito).

El espato de Islandia posee birrefringencia: mirando a través suyo se ve una imagen doble.

La sal es un mineral sedimentario. En la imagen, montaña de sal en Cardona (España).

PIEDRAS PRECIOSAS

Se denominan así ciertos minerales duros, transparentes, muy valiosos por su rareza y que, tras ser debidamente tallados, son utilizados en joyería y en artes decorativas. Se suele distinguir entre piedras propiamente llamadas **preciosas** (diamante, rubí, esmeralda, zafiro, etc.) y las **finas** (topacio, turmalina, granate, amatista, etc.). Como objeto de lujo, las piedras preciosas se utilizaban ya en la antigüedad, y hoy en día alcanzan grandes precios en el mercado.

Amatista.

Rubí.

Esmeralda.

Zafiro.

EL CUARZO

Es una variedad de sílice cristalizado de forma hexagonal. Es uno de los minerales más duros y, convenientemente tallado, se utiliza como oscilador piezoeléctrico: si se le aplica una corriente eléctrica, vibra con gran precisión, por eso se utiliza en la fabricación de relojes.

EL CULLINAN

Es el diamante más grande del mundo, pesa 634 gramos (3.106 quilates). Fue encontrado en 1905 en una mina cercana a Cullinan (República de Sudáfrica) y regalado al rey Eduardo VII de Gran Bretaña.

Los minerales a los que les afectan las corrientes magnéticas se llaman **ferromagnéticos**, como la magnetita de las brújulas.

Magnetita.

CLASIFICACIÓN QUÍMICA DE LOS MINERALES

Las clasificaciones más precisas de los minerales son las que se hacen según sus propiedades cristalográficas o su composición química. Pero existen multitud de sistemas. Aquí vamos a ver una de las clasificaciones que pueden utilizarse.

(1) Elementos nativos

Aparecen en la naturaleza en estado original, sin combinarse con los átomos de otros elementos, y tienen un gran valor económico. Ejemplos: cobre, plata, oro, plomo, platino, hierro, diamante, grafito, azufre.

Lingote de oro.

(2) Sulfuros

Minerales formados por combinaciones no oxigenadas del azufre con metales y no metales. Se incluye normalmente en este grupo a los arseniuros, seleniuros, antimoniuros y bismuturos. Ejemplos: galena (plomo), pirita (hierro), cobaltita (cobalto), antimonita (antimonio), argentita (plata).

Galena.

(3) Sulfosales

Son sales dobles de azufre y otro elemento (antimonio, arsénico, bismuto). Ejemplos: proustita, enargita, bournonita.

Proustita.

(4) Óxidos

Compuestos de oxígeno con metales. Suelen presentarse de forma amorfa, rara vez como cristales. Se obtienen fácilmente metales a partir de ellos. Ejemplos: magnetita, crisoberilo, corindón, zafiro, rubí.

Bauxita.

(5) Haluros

Son sales de flúor, de cromo, de bromo o de yodo. Ejemplos: sal gema o sal común, silvina, carnalita, fluorita.

Sal común.

(6) Carbonatos

Compuestos de carbono y oxígeno con otro elemento. Ejemplos: calcita, magnesita, dolomita, azurita.

Azurita.

(7) Nitratos

Compuestos de nitrógeno y oxígeno con otro elemento. Generalmente son solubles en agua. Ejemplo: nitrato de Chile.

Cartel publicitario del nitrato de Chile, utilizado como abono.

(8) Boratos

Compuestos de oxígeno, boro y metales. Ejemplos: bórax, rodisita, ulexita.

El bórax suele utilizarse para decorar las piezas de porcelana.

(9) Fosfatos, vanadatos y arseniatos

Compuestos de fósforo, vanadio o arsenio. Ejemplos: apatito, turquesa, carnotita.

Turquesa.

(10) Sulfatos

Compuestos de azufre, oxígeno y otro elemento. Ejemplos: yeso, anhidrita, baritina, epsomita, alunita.

Yeso.

(11) Cromatos, molibdatos y wolframatos

Compuestos oxigenados de cromo, molibdeno o wolframio. Ejemplos: wolframita, crocoíta.

Con el wolframio se hacen los filamentos de las bombillas.

(12) Silicatos

Compuestos de silicio y otros elementos. Constituyen el 95 % de la corteza terrestre. Ejemplos: olivino, cianita, topacio, granate, circón, esmeralda, aguamarina, turmalina, jadeíta, amianto, asbesto, rodonita.

Topacio.

(13) Minerales radiactivos

Compuestos con elementos emisores de radiaciones. Ejemplos: uraninita, torianita, branerita, carnotita, torita.

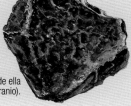
Pechblenda (de ella se obtiene uranio).

LAS ROCAS

Las rocas son agregados de varios minerales aunque en algunos casos pueden estar formadas por uno solo. Aunque se han formado de distintos modos y a distintas profundidades, se las encuentra por toda la superficie terrestre, pues aparecen en forma de afloramientos. Se las divide en tres grandes grupos según su modo de formación: ígneas, metamórficas y sedimentarias.

LAS ROCAS ÍGNEAS

Se originan cuando el **magma** fundido del interior de la Tierra asciende a capas más altas y de menor temperatura, se enfría y solidifica. También se forman cuando porciones de la corteza descienden y se funden, volviendo entonces a la superficie en forma de masa fundida que se solidifica. Cuando el enfriamiento es muy rápido no hay tiempo para que se formen **cristales**, pero si se produce con lentitud, cuanto más tiempo tarde el proceso mayores serán los cristales.

MAGMA

Masa fundida de roca que se encuentra a gran profundidad. Cuando asciende a la superficie se llama lava.

PERIDOTITA

Es una roca ultrabásica porque contiene menos del 45 por ciento de sílice.

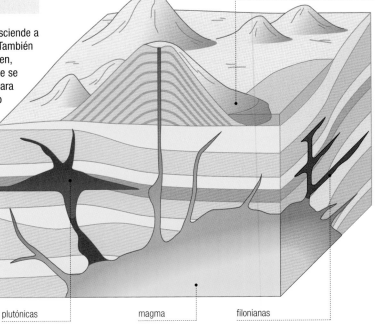

volcánicas

plutónicas   magma   filonianas

Las rocas ígneas se forman al solidificar el magma fundido que asciende a zonas más superficiales de la Tierra.

TIPOS DE ROCAS ÍGNEAS

Las rocas ígneas se pueden clasificar de distintas maneras.
Si las dividimos por el modo de formarse tenemos:

1) **plutónicas:** cristalizan dentro de la corteza y forman grandes masas de cristales regulares;

2) **filonianas:** solidifican en las grietas por las que se abre paso el magma y forman cristales grandes y pequeños;

3) **volcánicas:** solidifican en el exterior después de erupciones volcánicas y sólo forman algunos cristales.
Se clasifican según la proporción de sílice que contienen:

   a) **ácidas:** más del 66 % de sílice
   (p. ej., granito);

   b) **intermedias:** entre el 52 y 66 % de sílice
   (p. ej., andesita);

   c) **básicas:** entre el 45 y 52 % de sílice
   (p. ej., basalto).

Muchas rocas reciben el nombre por el lugar donde aparecen, como la hawaita, que se encontró por primera vez en Hawai.

Granito.

El basalto es una roca volcánica que a menudo forma espectaculares coladas de columnas hexagonales.

LAS ROCAS METAMÓRFICAS

Este tipo de roca es de composición muy variable y se origina por transformación (**metamorfosis**) de cualquier otro tipo de roca. Sucede cuando la masa rocosa se ve sometida a condiciones de elevada presión o temperatura, que hacen que su estructura cristalográfica se modifique (**recristalización**), dando lugar a nuevos minerales. Muchas rocas metamórficas presentan **foliación**, rompiéndose siguiendo superficies planas. Ejemplos: mármol, cuarcita, pizarra, gneis, anfibolita.

Esquisto moteado, ejemplo de roca metamórfica.

FOLIACIÓN

Alineación de los minerales a lo largo de un plano.

La pizarra se exfolia en porciones muy planas.

CLASTO

Partícula o trozo de mineral arrastrado en un sedimento.

CLASIFICACIÓN DE ROCAS METAMÓRFICAS SEGÚN SU TEXTURA

Tipo de grano	Tipo de roca	Tipo de foliación
fino	pizarra	casi plana y muy apretada
fino	filita	ondulada
medio	esquisto	planos ondulados
grueso	gneis	planos algo espaciados
grueso	migmatita	poco desarrollada

CLASIFICACIÓN DE LAS ROCAS SEDIMENTARIAS DETRÍTICAS POR EL TAMAÑO DEL GRANO

Tamaño del grano (en mm)	Nombre del clasto	Tipo de roca
> 256	bloque	conglomerado
2 - 256	canto	conglomerado
0,0625 - 2	arena	arenisca
0,002 - 0,0625	limo	limolita
< 0,02	arcilla	lutita o arcillita

LAS ROCAS SEDIMENTARIAS

Hay varios tipos:

1) **detríticas:** se originan a partir de los materiales de erosión acumulados en una zona. Después, el sedimento se compacta, se cimenta y se modifica químicamente (p. ej., arenisca, limolita, arcillita).

2) **de origen químico:** se forman por la precipitación de elementos minerales del agua (p. ej., tobas, travertinos, evaporitas);

3) **margas:** mezclas de rocas detríticas y de origen químico;

4) **organógenas:** producidas por acumulación de restos esqueléticos calcáreos, generalmente de organismos planctónicos (p. ej., creta, diatomita, calizas numulíticas).

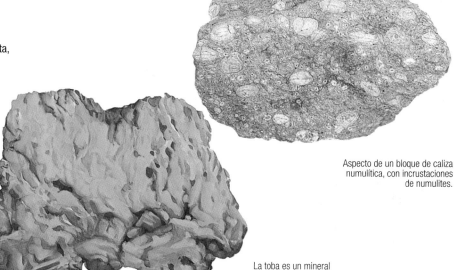

Aspecto de un bloque de caliza numulítica, con incrustaciones de numulites.

La toba es un mineral de origen químico.

VULCANISMO

Una de las manifestaciones más llamativas de la actividad del planeta son, sin duda, los volcanes. Hay distintos tipos según el modo de salir de la lava y se distribuyen también por determinadas regiones del planeta mientras que en otras están ausentes. Los volcanes son también el único lugar por donde entramos en contacto con los materiales del interior de la corteza o del manto, por lo que tienen un gran interés para la ciencia.

FORMACIÓN DE LOS VOLCANES

Los volcanes son los puntos de salida de material rocoso incandescente desde el interior de la Tierra. Este material procede unas veces de zonas profundas de la **corteza**, donde se ha fundido a consecuencia de la elevación de la temperatura y de la presión. En otras ocasiones, la masa fundida procede directamente del **manto**. El volcán no aparece en todos los lugares sino en aquellos en que la actividad de fusión es más activa porque una **placa de corteza** se está destruyendo. Esto sucede, por ejemplo, en todas las costas del **Pacífico**, donde la corteza oceánica se introduce por debajo de los continentes. En el Atlántico la actividad es más tranquila, ya que se produce a varios miles de metros de profundidad bajo las aguas.

ALGUNOS DE LOS PRINCIPALES VOLCANES DE LA TIERRA

Volcán	Altitud	Localización
Cotopaxi	5.897 m	Ecuador
Erebus	3.794 m	Antártida
Erta Ale*	2.957 m	Etiopía
Etna*	3.295 m	Italia
Fuego	3.763 m	Guatemala
Fuji-Yama	3.776 m	Japón
Kilauea	1.231 m	Hawai
Kilimanjaro	5.895 m	Tanzania
Krakatoa (nuevo)*	832 m	Indonesia
Lasen Peak	3.186 m	California
Llullaillaco	6.739 m	Chile
Mauna Loa	4.158 m	Hawai
Nevado del Ruiz	5.400 m	Colombia
Niragongo	3.469 m	Zaire
Ojos del Salado*	6.893 m	Chile-Argentina
Orizaba	5.700 m	México
Popocatépetl	5.452 m	México
Stromboli*	926 m	Italia
Teide	3.718 m	Canarias
Vesubio	1.270 m	Italia
Villarrica	2.840 m	Chile

* En actividad permanente

El volcán Cotopaxi (5.897 m), en los Andes ecuatorianos.

 Se llama lava al magma incandescente cuando llega a la superficie.

TIPOS DE VOLCANES

El modo de salir la lava no es siempre el mismo y eso da lugar a formas distintas. Así, se pueden distinguir varios tipos de volcanes.

hawaiano: forma un cono amplio y de poca altura, con lava muy líquida y la erupción es poco violenta

estromboliano: forma un cono más o menos regular, tiene un único conducto de salida y la erupción es muy violenta

vulcaniano: forma un cono más o menos regular, pero el conducto de salida principal se ramifica en otros conductos más pequeños; la erupción también es muy violenta

peleano: la lava es muy densa y a medida que sale forma una columna sólida

LA LAVA

Está formada por el material fundido que hay en el manto y por los trozos de corteza que se van fundiendo en determinadas zonas del planeta. Además, contiene numerosos gases como **vapor de agua** (que suele ser algo más de la mitad del total), **dióxido de carbono**, **dióxido de azufre**, **sulfuro de hidrógeno**, **ácido clorhídrico**, **hidrógeno** y **monóxido de carbono**. Todos estos gases están disueltos en el magma gracias a la enorme presión, pero cuando salen al exterior escapan lo mismo que las burbujas de una bebida gaseosa al abrir la botella. Si la lava sube con rapidez, el gas escapa con fuerza y la erupción es muy violenta; si lo hace con lentitud escapa poco a poco.

ALGUNAS DE LAS PRINCIPALES ERUPCIONES OCURRIDAS EN EL MUNDO

Año	Volcán	Víctimas mortales
79 a.C.	Vesubio (Italia)	4.000-5.000
1586	Kelut (Indonesia)	10.000
1621	Vesubio (Italia)	5.000
1783	Laki (Islandia)	9.350
1792	Unzen (Japón)	14.300
1815	Tambora (Indonesia)	95.000
1883	Krakatoa (Indonesia)	36.400
1902	Mt. Pelée (Martinica)	29.000
1908	St. Helen (EEUU)	57
1982	El Chichón (México)	1.900
1985	Nevado del Ruiz (Colombia)	23.000
1986	Lago Nyos (Camerún)	2.000
1991	Pinatubo (Filipinas)	800

PARTES DE UN VOLCÁN

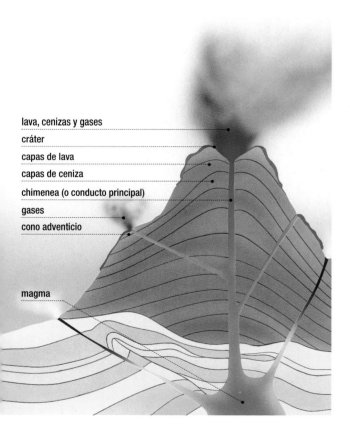

- lava, cenizas y gases
- cráter
- capas de lava
- capas de ceniza
- chimenea (o conducto principal)
- gases
- cono adventicio
- magma

La lava desciende por las laderas del volcán formando auténticos ríos incandescentes.

El 27 de mayo de 1883 la explosión del volcán Perbuatán (cuyo estruendo se oyó a 5.000 kilómetros de distancia) hizo desaparecer gran parte de la isla de Krakatoa (que quedó partida en tres fragmentos) y mató a más de 36.000 personas.

 La palabra volcán proviene de Vulcanus, el dios del fuego y de la metalurgia entre los antiguos romanos.

LOS TERREMOTOS

Aunque menos espectaculares que las erupciones volcánicas, los terremotos son otra de las manifestaciones perceptibles a escala humana de la actividad que tiene lugar en el interior de la Tierra. Además, sus daños suelen ser mucho más intensos y con mayor número de víctimas pues con frecuencia son imprevisibles. Las zonas donde se producen mayor número de terremotos coinciden donde hay también mayor actividad volcánica.

¿CÓMO SE PRODUCEN?

Las **placas** que forman la corteza están sometidas a tensiones. La zona donde coinciden dos de estas placas se llama **falla**. Cada placa se mueve independientemente a lo largo de la falla, pero el rozamiento hace que se atasquen. Cuando la tensión es muy alta, la fuerza que ejercen las placas supera la de sujeción y las dos placas se mueven súbitamente, provocando ondulaciones y liberando una enorme energía. Todo eso se denomina **movimiento sísmico**, o **terremoto**.

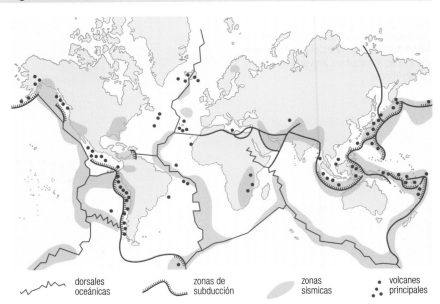

 La ciencia que se dedica a estudiar los terremotos se llama **sismología** y los científicos que lo hacen, sismólogos.

dorsales oceánicas   zonas de subducción   zonas sísmicas   volcanes principales

Distribución de los principales volcanes de la Tierra, que coinciden con las dorsales oceánicas y con las zonas sísmicas.

MEDICIÓN Y PREVENCIÓN DE TERREMOTOS

A lo largo de los siglos se ha intentado hacer predicciones sobre la inminencia de un terremoto. Para ello se estudian los movimientos leves que se van produciendo en la corteza para determinar cuándo serán más fuertes. El aparato utilizado se llama **sismógrafo** y hay instalados miles de ellos a lo largo de todo el planeta. En los países donde son frecuentes los terremotos, como **Japón**, las construcciones tradicionales son muy ligeras para evitar al máximo los daños. Los edificios modernos se construyen con estructuras especiales que les permiten vibrar sin caerse. Los **rascacielos** de Tokio tienen una especie de muelles en los cimientos para absorber sacudidas.

FOCO Y EPICENTRO

El **foco** de un terremoto es el lugar donde se produce la rotura de una falla y desencadena el terremoto; el **epicentro** es la zona de la superficie situada exactamente encima del foco del terremoto.

ALGUNOS TERREMOTOS IMPORTANTES

Año	Lugar	Víctimas
1906	San Francisco (EEUU)	500
1923	Tokio (Japón)	143.000
1976	Tangshan (China)	250.000
1980	Avellino (Italia)	8.000
1985	Ciudad de México (México)	30.000
1990	Norte de Irán	40.000
1995	Kobe (Japón)	5.000
2000	Oeste de Turquía	30.000

PARTES DE UN SISMÓGRAFO

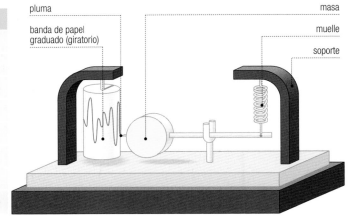

pluma

banda de papel graduado (giratorio)

masa

muelle

soporte

Introducción

Origen
de la Tierra

Historia
geológica

Cristalografía

Los minerales

Las rocas

Actividad
del planeta

Meteorología

Tipos
de clima

Mares y
océanos

Las aguas
terrestres

Formación
del paisaje

La erosión

Paisajes
humanos

La cartografía

Índice
alfabético
de materias

MAREMOTOS Y TSUNAMIS

Cuando el **epicentro** de un terremoto se encuentra en el fondo del **océano**, provoca oscilaciones del agua que se observan en la superficie. Son olas de poco más de un metro de altura que comienzan a propagarse hacia las costas más cercanas. Sin embargo, cuando la ola llega a aguas poco profundas comienza a aumentar de altura (10 o más metros) y al chocar con la costa provoca enormes daños. A estas olas gigantescas se las llama **tsunami**. También las erupciones volcánicas submarinas provocan tsunamis catastróficos.

El tsunami provocado por la explosión del Krakatoa alcanzó una altura de 35 metros.

En Hawai son frecuentes los tsunamis. El mayor registrado hasta la fecha medía 17 metros de altura.

En las grandes ciudades situadas en zonas sísmicas, los rascacielos se construyen con una estructura resistente a los temblores de tierra.

ESCALA DE RICHTER

Clasifica los terremotos numéricamente por la amplitud de las ondas y la energía liberada.

Daños provocados por un terremoto.

EN CASO DE TERREMOTO...

Si te encuentras en un edificio mientras se produce un terremoto puedes tomar algunas medidas para evitar daños:

1) arrójate al suelo o debajo de una mesa para evitar los objetos que caen del techo;

2) aléjate de ventanas y objetos grandes (pueden caer);

3) no utilices el ascensor;

4) no bajes las escaleras mientras dura el temblor;

5) intenta apagar cualquier aparato que pudiera provocar un incendio. Si estás en el exterior, aléjate de los edificios (caen cascotes y cristales) y de las conducciones eléctricas.

ESCALA DE MERCALI
(CLASIFICA LOS TERREMOTOS POR LOS DAÑOS PERCIBIDOS)

Intensidad	Daños producidos
I	Sólo lo detectan algunos sismógrafos.
II	Sólo lo perciben algunas personas situadas en edificios altos.
III	Oscilan los objetos colgados y lo percibe mucha gente.
IV	Crujen algunas paredes, oscilan las mesas, lo perciben las personas dentro de los edificios pero apenas en el exterior.
V	Se rompen algunas ventanas, caen objetos colgados, casi todo el mundo lo percibe.
VI	Daños moderados con objetos caídos, muebles desplazados, se desprenden los falsos techos.
VII	Caen paredes en edificios no preparados, caen chimeneas, lo resisten los edificios antisísmicos, resulta difícil mantenerse de pie.
VIII	Daños leves en edificios antisísmicos, derrumbes parciales en los restantes, caen chimeneas, muros, monumentos.
IX	Caen edificios no preparados, se producen daños considerables en edificios antisísmicos, los edificios se separan de los cimientos.
X	Daños graves y derrumbes en edificios antisísmicos, los restantes reducidos a escombros, vías de ferrocarril torcidas.
XI	Todos los edificios derrumbados, quedan algunos escombros en pie, vías de ferrocarril muy torcidas.
XII	Destrucción total, cambios en el paisaje, objetos arrojados al aire.

SEDIMENTOS Y ESTRATIFICACIÓN

El resultado de la erosión de la superficie de la corteza son residuos de material rocoso más o menos grandes, que por gravedad o por la fuerza del viento o las aguas acaban depositándose en las zonas bajas. Eso da lugar a la aparición de sedimentos, que se van disponiendo por capas y que más tarde acaban transformándose en nuevas rocas, las rocas sedimentarias.

LA SEDIMENTACIÓN

Dependiendo de la fuerza de la **erosión**, la superficie de la corteza terrestre se va desmenuzando en trozos que pueden ser grandes **bloques** de roca, **grava** gruesa o un **limo** muy fino, con granos de menos de un milímetro de diámetro. La fuerza de la gravedad hace que tienda a ir a los lugares más bajos y allí se van acumulando, unas veces en grandes cantidades y otras menos, formando capas sucesivas que se llaman **estratos**. El tipo de estrato depende del tipo de erosión que se produzca en cada época (agua, viento, etc.). El grosor depende del tiempo en que se van depositando, pero pueden superar varios kilómetros.

Durante el Carbonífero se depositaron restos orgánicos en sedimentos, dando lugar al petróleo y al carbón que hoy consumimos.

ESTRATIGRAFÍA

Es la rama de la geología que estudia los estratos de sedimentación o capas del terreno que forman la corteza terrestre.

Las marismas son terrenos pantanosos de aguas salobres, ya que están cerca de la desembocadura de un río y del mar. Sus materiales son, por lo general, limo y arcilla procedentes de tierras más altas.

El continuo paso de las aguas por un determinado tipo de terreno llega a excavar profundos cañones; los materiales arrancados se depositarán en el curso bajo del río.

DEL SEDIMENTO A LA ROCA

Las primeras capas de un sedimento (los estratos superficiales) suelen ser de consistencia blanda, pero a medida que se van depositando encima nuevas capas, aumenta el peso y con ello la presión que se ejerce sobre las partículas de sedimento. Esto hace que toda la masa depositada se hunda lentamente al mismo tiempo que se **compacta**, perdiéndose los poros. Esta presión física, unido al aumento de **temperatura**, provocan por último cambios químicos y el sedimento blando se convierte en **roca dura**. No obstante, la temperatura es lo suficientemente baja como para no transformar por completo el material en rocas metamórficas.

Los depósitos de agua subterráneos (acuíferos) se forman principalmente en terrenos sedimentarios.

A menudo, los estratos se encuentran inclinados, lo que indica que hubo movimientos después de su formación.

¿DÓNDE SE PRODUCE LA SEDIMENTACIÓN?

Los procesos sedimentarios pueden tener lugar en cualquier lugar de la superficie terrestre donde se produzca erosión, pero no todo el material depositado acaba siendo una roca sedimentaria, pues si la erosión continúa en el mismo lugar, puede arrastrar también los sedimentos antes de que se hundan. Los principales lugares donde se producen procesos sedimentarios son de tres tipos:

1) **marinos,** se forman depósitos en la plataforma continental y en las zonas abisales;

2) **continentes,** se forman depósitos al pie de las cadenas montañosas, en los glaciares, a lo largo de los ríos, los lagos y en los desiertos;

3) **de transición,** la sedimentación tiene lugar en puntos de contacto del mar y el continente, como son los deltas y las marismas.

> Los restos orgánicos deben depositarse en sedimentos para poder fosilizar y sólo se conservan si el sedimento se convierte en roca sedimentaria.

Los sedimentos arrastrados por un río se depositan en su curso bajo, formando tierras llanas entre las que el agua se abre paso formando meandros.

UNIDAD BIOESTRATIGRÁFICA

Recibe este nombre el conjunto de varios estratos que poseen un grupo de fósiles característicos.

El corte de una roca con fósiles permite a los geólogos estudiar la antigüedad y la formación del terreno.

LOS SEDIMENTOS COMO INDICADORES DEL TIEMPO

El espesor de un sedimento permite deducir el tiempo que tardó en formarse si se sabe (de manera indirecta) cuál es la velocidad de sedimentación. Además, cada tipo de sedimento es característico de una época (de lluvias, desértica, glaciares, etc.). Todo ello permite a los geólogos conocer la edad que tiene una gruesa capa sedimentaria y, por lo tanto, también la edad de los fósiles que se encuentran en su interior. Si el sedimento no está alterado por cambios (deslizamientos, fallas, vuelcos), los estratos superiores siempre son los más recientes.

Los deltas están formados en la desembocadura de un río por la acumulación de los materiales que éste arrastra. Por lo general, son tierras muy fértiles, intensivamente aprovechadas para el cultivo.

PLIEGUES

La corteza terrestre es sólida pero debido a que se forman y se destruyen constantemente nuevas porciones, existen en su interior grandes fuerzas que la deforman. Son fuerzas que actúan a lo largo de millones de años y hacen que la corteza se vaya ondulando, formando lo que se llaman pliegues. Cuando las fuerzas que actúan son tan fuertes que la elasticidad del material no lo soporta, el pliegue se rompe.

FORMACIÓN DE LOS PLIEGUES

Los materiales rocosos que forman la corteza terrestre tienen un cierto grado de elasticidad, que es máxima en las rocas blandas de tipo **sedimentario** y mínima en rocas **metamórficas**. Cuando actúan fuerzas intensas como las que se producen, por ejemplo, al chocar dos continentes, la roca cede plásticamente y se dobla, adoptando una forma curva que dependerá de la intensidad de la fuerza que actúa. Estos procesos de **plegamiento** pueden producirse a poca profundidad en la corteza y son los responsables de la aparición de las grandes **cadenas montañosas** del planeta. Dependiendo de la plasticidad de la roca, el pliegue se doblará más o menos y si se supera esa capacidad, se romperá dando lugar a una **falla**.

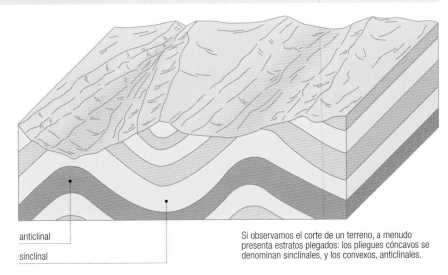

anticlinal

sinclinal

Si observamos el corte de un terreno, a menudo presenta estratos plegados: los pliegues cóncavos se denominan sinclinales, y los convexos, anticlinales.

Los Apalaches se formaron al plegarse la corteza hace unos 300 millones de años, al chocar Norteamérica y África.

DEFORMACIÓN ELÁSTICA

Cuando cede la fuerza deformadora, la roca recupera la forma original y no se produce un pliegue.

Un claro ejemplo de pliegue anticlinal.

PARTES DE UN PLIEGUE

eje

plano axial

charnela

anticlinal

punto de inflexión

flanco

sinclinal

plano axial

PARTES DE UN PLIEGUE

En los casos más sencillos en que el pliegue forma una curvatura simple, se distinguen el punto donde cambia el sentido de la curvatura (punto de inflexión) y los dos lados a partir de él. Si en el punto de inflexión el pliegue es convexo y tiene forma de arco, se denomina **anticlinal**, pero si es cóncavo y presenta forma de U, entonces se llama **sinclinal**. La mayor curvatura se denomina **charnela** y los dos lados que parten de ella son los **flancos**. La superficie que pasa por la zona de máxima curvatura se llama **plano axial** y la línea de corte entre el plano axial y la charnela, **eje**.

Introducción

Origen
de la Tierra

Historia
geológica

Cristalografía

Los minerales

Las rocas

**Actividad
del planeta** .

Meteorología

Tipos
de clima

Mares y
océanos

Las aguas
terrestres

Formación
del paisaje

La erosión

Paisajes
humanos

La cartografía

Índice
alfabético
de materias

TIPOS DE PLIEGUES SIMPLES

Cuando observamos un corte a través del terreno podemos ver pliegues de muy diversas formas. Algunas apenas se distinguen y se debe a que las fuerzas que los han formado eran muy débiles o que comienzan a actuar. En otros, en cambio, el terreno se pliega múltiples veces y formando grandes ángulos. Se llama **pliegue monoclinal** el que presenta sólo una curvatura de pendiente suave. El **pliegue anticlinal** tiene su convexidad hacia arriba, mientras que el **pliegue sinclinal** presenta su concavidad hacia arriba. El **domo** es un anticlinal de flancos casi simétricos.

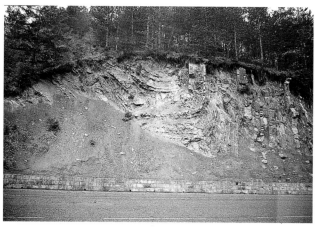

Con frecuencia, la construcción de una carretera deja al descubierto un pliegue.

A menudo, las rocas muestran micropliegues.

FLEXIÓN Y TERRAZA

La **flexión** es una deformación del terreno que no llega a formar un pliegue; la **terraza** es una zona de menor pendiente (más horizontal) en un terreno uniformemente inclinado.

ISOCLINAL

Conjunto de pliegues dispuestos regularmente, con la misma inclinación y en el mismo sentido.

LOS PLIEGUES COMPLEJOS

Cuando las fuerzas de compresión que han provocado el pliegue son muy intensas, pero no provocan todavía la rotura del terreno, aparecen pliegues combinados. Los más sencillos son una sucesión de **anticlinales-sinclinales**, con lo que dan al paisaje un aspecto uniformemente ondulado. En otros se suceden anticlinales y sinclinales pero de distintas formas. Pueden ser anticlinales de curvatura muy pronunciada y sinclinales más suaves o a la inversa. En otras ocasiones, se superponen igual que hacen las tejas y se llaman **pliegues imbricados**. Cuando las fuerzas de tensión son muy intensas, algunos pliegues se rompen y entonces se forman estructuras mixtas de **pliegues-falla**.

A menudo, los pliegues son poco pronunciados y tan anchos como largos.

Formación de los distintos tipos de pliegue: 1. una presión uniforme produce un pliegue simple, o anticlinal simétrico; 2. una presión desigual puede formar un anticlinal asimétrico; 3. una presión continua sobre un anticlinal asimétrico puede originar un pliegue tumbado; 4. un pliegue tumbado puede llegar a romperse y deslizarse sobre sí mismo, recibiendo el nombre de pliegue cabalgante; 5. cuando el pliegue cabalgante se desplaza ampliamente se origina un manto.

domo

cubeta

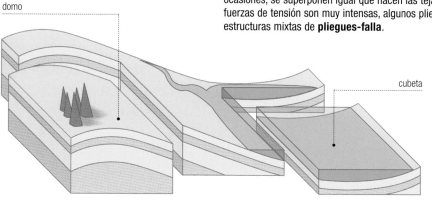

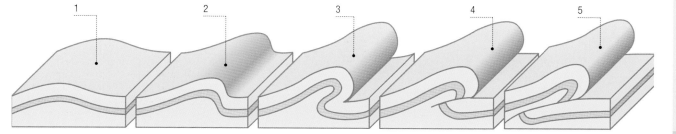

FALLAS

Uno de los accidentes del terreno que con más facilidad puede observarse es el de las fallas, o roturas de los materiales de la corteza, en particular si el terreno es de tipo sedimentario. Son un tipo de deformación que finaliza en rotura y dan lugar a multitud de estructuras geológicas. Además, en muchas ocasiones, cuando el desplazamiento de los lados se produce con brusquedad, tiene lugar un seísmo.

CUANDO SE ROMPE EL TERRENO

Los materiales que forman la corteza son más o menos flexibles. Cuando están sometidos a una fuerza pueden deformarse y entonces surge un **pliegue**, pero en ocasiones la fuerza es superior a la capacidad de deformación del terreno y en lugar de plegarse se rompe. Esto es lo que se llama una **falla**. La parte de la corteza sobre la que se ejerce la fuerza se desplaza entonces sobre la porción que oponía resistencia a lo largo del **plano de fractura**. Si el terreno era sedimentario, veremos que los estratos que lo forman dejan de coincidir a lo largo de una línea. Esa línea es el plano por el que se rompió la falla.

PARTES DE LA FALLA

El plano de fractura que da lugar a la falla se denomina **plano de falla**. En la superficie del suelo lo podemos observar como una línea más o menos recta, que se llama **línea de falla**. El plano de falla puede ser desde casi perpendicular hasta presentar una gran inclinación. Cuando es perpendicular, los dos lados de la falla se deslizan uno con respecto al otro, pero cuando está inclinado, uno de los bloques rocosos se desliza sobre el otro. El bloque que se sitúa por encima del plano de falla se llama **techo** y el que queda por debajo se conoce como **muro**. Éstos son los cuatro elementos esenciales para conocer una falla.

La falla de San Andrés consiste en una espectacular fractura de más de 400 km de longitud, que se extiende entre el golfo de California y el norte de la ciudad de San Francisco (EEUU).

PARTES DE UNA FALLA

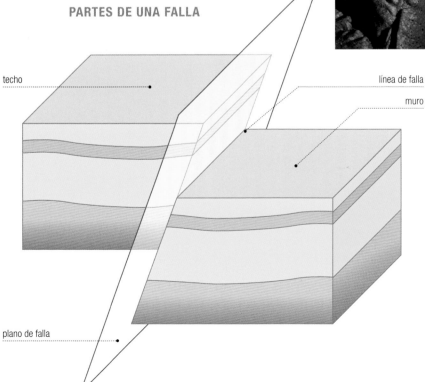

techo

línea de falla

muro

plano de falla

Para que se produzca una falla puede actuar una fuerza intensa rápidamente o una fuerza pequeña durante mucho tiempo.

Hay fallas que miden centenares o incluso miles de kilómetros de longitud.

TIPOS DE FALLAS

Como los bloques que forman la corteza no son uniformes sino que están constituidos por distintos tipos de rocas y con propiedades elásticas diferentes, al actuar una fuerza la respuesta puede ser muy diferente en distintos puntos. Sin embargo, para entenderlas mejor se las puede clasificar en unos cuantos tipos básicos. La **falla normal** es aquella en que el techo queda más bajo que el muro (porque se desliza a lo largo del plano de falla). En la **falla inversa** es el techo el que queda por encima del muro (porque las fuerzas de compresión lo empujan hacia arriba a lo largo del plano de falla). En la **falla de desgarro** los dos bloques rocosos se desplazan lateralmente.

ESPEJO DE FALLA

Se denomina así a la zona del plano de falla que queda pulimentada a consecuencia del rozamiento de los dos bloques de roca que se desplazan.

LAS FALLAS NO APARECEN AISLADAS

Cuando actúan grandes fuerzas sobre el terreno, a menudo hay zonas que se pliegan y otras que se rompen. De este modo se forman asociaciones de **pliegues** y **fallas** que son muy características. Cuando son varias las fallas que se producen en la misma zona, el conjunto de todas ellas constituye lo que se llama una **zona de fractura**. Muchas veces se observan también series sucesivas de fallas paralelas, o dispuestas de modo radial o incluso formando una especie de red. En otras ocasiones, las fallas se disponen escalonadas. Es frecuente que en el fondo de los valles producidos por fallas aparezcan series longitudinales de lagos, como sucede en el este de África (lagos Malawi, Tanganica, Rodolfo, etc.).

ALGUNOS TIPOS DE FALLA

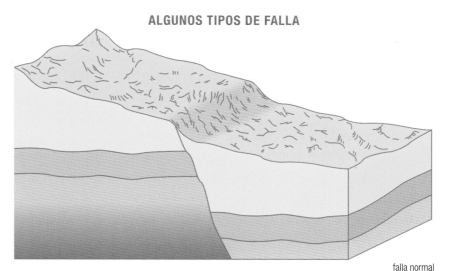

falla normal

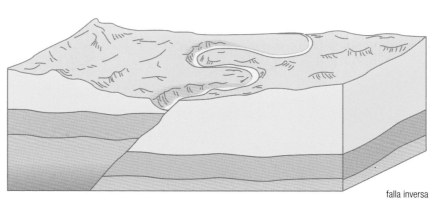

falla inversa

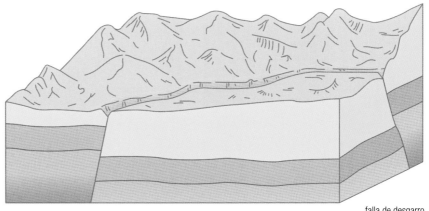

falla de desgarro

El Valle del Rift está formado por una serie de depresiones y cortes (en la fotografía, cerca del lago Natron, en Tanzania) del suelo que se extiende desde Jordania hasta el tercio inferior del continente africano.

En Norteamérica, California se desplaza hacia el noroeste a lo largo de la falla de San Andrés. Por eso es una zona con numerosos seísmos.

LA FORMACIÓN DE LAS MONTAÑAS

Aunque a nosotros nos parecen enormes, vistas desde el espacio, o incluso desde un avión, las montañas son apenas una pequeña alteración del relieve de la corteza terrestre. Sin embargo, tienen una gran importancia para la vida de todos los organismos. Las montañas son el resultado de la actividad de la corteza al plegarse y sufrir elevaciones en determinadas zonas.

FORMACIÓN DE UNA CADENA MONTAÑOSA

Existen muchas teorías sobre cómo han podido formarse las montañas. Las más actuales consideran que son el resultado del choque de grandes **placas** de corteza. Todo comienza cuando dos de estas placas se separan, dejando una zona hundida entre ellas. Allí se van depositando entonces los **sedimentos** hasta que su enorme cantidad hace que todo el bloque se hunda. Eso provoca que las dos placas se vean arrastradas ahora en la misma dirección. Mientras que se acercan van plegando la capa de sedimentos, que en la parte superior forma una elevación. Finalmente, por razones de equilibrio de las distintas masas de la corteza, el **plegamiento** asciende y así queda formada la cordillera montañosa. Otras veces sucede cuando las placas chocan por otro extremo, sin que haya un plegamiento previo, elevándose la corteza y dando lugar a las **cordilleras de colisión**.

La orogenia es la parte de la geología que trata de la formación de las montañas.

Por lo general, las montañas antiguas presentan un relieve más suave que las recientes.

LA EDAD DE LAS MONTAÑAS

Cuando vas por el campo encontrarás montañas de muchos tipos. Unas tienen **picos** afilados y pueden ser muy altas, otras en cambio tienen la **cima** redondeada o incluso aplanada. Las primeras son más recientes porque sobre ellas no ha actuado todavía la erosión, que a lo largo de millones de años irá quitando materiales e igualando las formas, como si quedara "limada", que es lo que les sucede a las montañas antiguas.

Las colinas son elevaciones aisladas de baja altura.

CICLO OROGÉNICO

Se denomina así a cada uno de los grandes períodos de formación de las cadenas montañosas.

LOS CICLOS OROGÉNICOS

A lo largo de la dilatada historia geológica de la Tierra ha habido cuatro grandes **ciclos orogénicos** principales. A consecuencia de ello han aparecido todas las montañas actuales. De los ciclos más antiguos quedan pocos restos, porque más tarde la **erosión** y nuevos **plegamientos** dieron lugar a nuevas montañas. El último de estos ciclos recibe el nombre de **orogenia alpina**, porque durante él se formaron los Alpes en Europa, así como la estructura actual de los Andes en Sudamérica o las Montañas Rocosas en Norteamérica.

El pico más alto de España es el Teide, en las islas Canarias, de 3.718 m, y dentro de la Península, el Mulhacén (en la imagen), en Sierra Nevada, de 3.478 m.

ALGUNAS DE LAS MONTAÑAS MÁS ALTAS DE LA TIERRA

Continente	Montaña	Altitud (m)	Cordillera	Localización
	Mont Blanc	4.807	Alpes	Francia
	Monte Rosa	4.638	Alpes	Italia, Suiza
	Breithorn	4.165	Alpes	Italia, Suiza
Europa	Jungfrau	4.158	Alpes	Suiza
	Aneto	3.404	Pirineos	España
	Monte Perdido	3.355	Pirineos	España
	Etna	3.295	Etna	Sicilia (Italia)
	Everest	8.846	Himalaya	China, Nepal
	K2	8.611	Karakorum	India
	Kanchenjunga	8.598	Himalaya	India, Nepal
	Lhotse	8.511	Himalaya	Nepal
	Makalu	8.480	Himalaya	China, Nepal
	Dhaulagiri	8.172	Himalaya	Nepal
Asia	Nanga Parbat	8.126	Himalaya	India
	Annapurna	8.078	Himalaya	Nepal
	Pico Comunismo	6.795	Pamir	Tadzijistán
	Demavend	5.670	Elburz	Irán
	Elbrus	5.633	Cáucaso	Georgia
	Ararat	5.165	Armenia	Turquía
	Fuji-Yama	3.776	Fuji-Yama	Japón
	Kilimanjaro	5.895	Kilimanjaro	Tanzania
	Kenia	5.194	Kenia	Kenia
África	Ruwenzori	5.119	Ruwenzori	Uganda
	Ras Dashan	4.620	Macizo Etíope	Etiopía
	Tubkal	4.163	Atlas	Marruecos
	Camerún	4.070	Macizo Camerún	Camerún
	Aconcagua	6.959	Andes	Argentina
	Ojos del Salado	6.893	Andes	Chile-Argentina
	Illimani	6.882	Andes	Bolivia
	Tupungato	6.800	Andes	Argentina-Chile
	Pissis	6.779	Andes	Argentina
América	Mercedario	6.770	Andes	Argentina
	Huascarán	6.739	Andes	Perú
	Llullaillaco	6.739	Andes	Argentina-Chile
	Coropuna	6.615	Andes	Perú
	Chimborazo	6.227	Andes	Ecuador
	McKinley	6.050	Alaska	EEUU
	Cotopaxi	5.897	Andes	Ecuador
	Mauna Kea	4.208	Mauna Kea	Hawai
Oceanía	Cook	3.764	Alpes Neozelandeses	Nueva Zelanda
	Kosciusko	2.228	Snowy	Australia
Antártida	Erebus	3.794	Erebus	Antártida

Nota: Este listado es sólo una selección de las montañas más representativas de los distintos continentes y cordilleras.

La conquista de las montañas más altas o el ascenso por sus vertientes más difíciles constituye un reto deportivo reservado a los alpinistas y escaladores más preparados técnica, física y psicológicamente.

Las primeras 40 montañas más altas del mundo están en el macizo del Himalaya y las montañas circundantes.

El macizo granítico del Paine (al sur de Chile, en la frontera con Argentina) constituye la parte terminal de los Andes. Aunque no supera los 3.000 metros, está constituido por montañas abruptas, con circos y valles glaciares.

LA DERIVA CONTINENTAL

Hasta ahora hemos visto que cuando actúan fuerzas sobre la corteza ésta se dobla dando pliegues o se rompe y forma fallas. También cómo esos movimientos de la corteza dan lugar a la aparición de las grandes montañas. Todo ello se debe en última instancia a un proceso descubierto a comienzos del siglo xx, el desplazamiento o deriva de los continentes, cuya base es la tectónica de placas.

UNA TEORÍA INCREÍBLE

Cuando **Alfred Wegener** expuso en 1912 su teoría sobre el origen de los continentes actuales, la mayoría de los científicos le criticaron abiertamente y la opinión pública le miró con cierta sorna. Wegener decía que los **continentes** "flotan" sobre una porción más densa del **manto superior**, que permite que se deslicen. Basándose en pruebas paleontológicas y de coincidencia de los materiales geológicos en continentes separados (p. ej., África y América del Sur), afirmó que los continentes actuales son el resultado de un continente original, que se fracturó y cuyos trozos se mueven unos con respecto a otros.

ALFRED WEGENER

Geofísico y explorador polar alemán (Berlín, 1880-Groenlandia, 1930) que murió durante su último viaje hacia las regiones polares.

REPRESENTACIÓN DEL MOVIMIENTO DE PLACAS

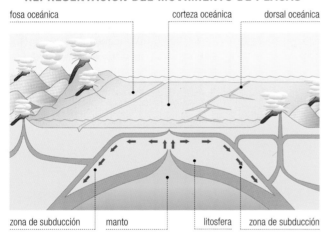

fosa oceánica — corteza oceánica — dorsal oceánica

zona de subducción — manto — litosfera — zona de subducción

LA TECTÓNICA DE PLACAS

Cuando **Wegener** expuso su teoría, no se habían explorado todavía los fondos oceánicos y aunque acertaba al afirmar que los continentes se separaban, no pudo explicar la razón por la que lo hacían. A mediados de los años sesenta del siglo xx, surgió la llamada **tectónica de placas** que da una explicación a ese movimiento. Afirma que la corteza terrestre está formada por una serie de placas rígidas que se desplazan sobre la capa superior del **manto**. Además, todas las placas coinciden, de modo que no quedan huecos que permitan un contacto directo con el manto. Esos movimientos son los causantes de los terremotos que percibimos en la superficie.

ZONA DE SUBDUCCIÓN

Zona por donde una placa se hunde por debajo de otra.

Cuando dos placas coinciden en una zona de subducción, una de las dos resulta destruida.

hace 200 millones de años

hace 135 millones de años

hace 65 millones de años

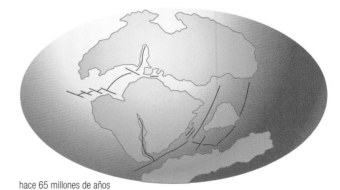

en la actualidad

LAS DORSALES OCEÁNICAS

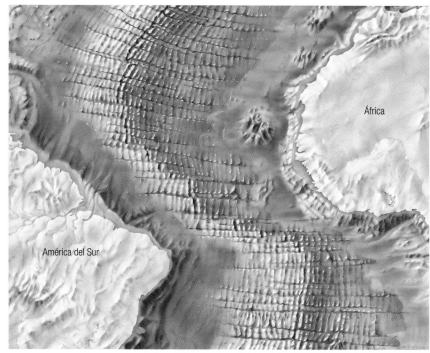

América del Sur

África

Cuando se exploró el fondo de los océanos, los científicos se sorprendieron al encontrar un relieve muy accidentado. En la zona central de los océanos existe una larga cordillera de varios miles de kilómetros de longitud y de hasta 6.000 metros de altura, que recibe el nombre de **dorsal oceánica**. En ellas se da un **vulcanismo** muy intenso y los estudios geológicos han demostrado que son precisamente el resultado de la formación de nueva corteza oceánica. Las dorsales de todos los océanos siguen un recorrido más o menos equidistante de las principales masas continentales circundantes y a medida que nos alejamos de ellas, las rocas del fondo son más antiguas.

CHOQUE DE PLACAS

Cuando dos **placas** se ponen en contacto, las fuerzas que empujan a cada una de ellas actúan en sentido contrario y se produce un choque, que da como resultado que una de las dos placas se desliza por debajo de la otra. La naturaleza geológica de las placas **oceánicas** y **continentales** es distinta. Las oceánicas son más densas que las continentales. Por ese motivo, al chocar dos placas es siempre la oceánica la que se desliza por debajo de la continental, en un proceso llamado **subducción**. Cuando son dos placas oceánicas las que chocan también una se desliza debajo de la otra, pero en este caso la que vence en la lucha de ambas fuerzas puede ser cualquiera de las dos.

CUESTIÓN DE ANTIGÜEDAD

La corteza oceánica está constantemente reciclándose. La más antigua conocida tiene sólo 190 millones de años. La corteza continental más antigua conocida cuenta con 4.000 millones de años de antigüedad.

Mapa del fondo marino del Atlántico, en el que puede verse en el centro la dorsal Atlántica.

La corteza está dividida en unas siete placas principales y seis o siete más pequeñas.

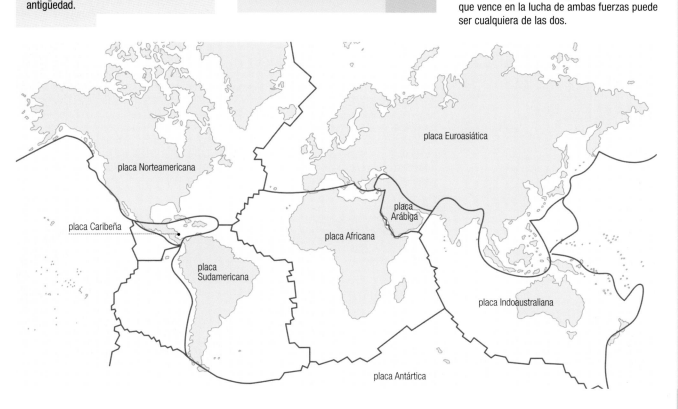

placa Euroasiática

placa Norteamericana

placa Caribeña

placa Sudamericana

placa Arábiga

placa Africana

placa Indoaustraliana

placa Antártica

EL TIEMPO Y EL CLIMA

A diferencia de lo que sucede con los fenómenos geológicos, que transcurren con una gran lentitud hasta el punto que para nosotros parece que no existen cambios, la atmósfera está en constante transformación, a veces incluso en cuestión de minutos. Esos cambios nos afectan muy directamente en nuestro bienestar, salud, etc., y de ellos se ocupan dos ciencias, la meteorología y la climatología, que a pesar de trabajar sobre el mismo material presentan dos aspectos distintos.

LA METEOROLOGÍA

Es la ciencia que se ocupa de los fenómenos que tienen lugar a corto plazo en las capas bajas de la **atmósfera**, es decir, de aquellas en las que se desarrolla la vida de plantas y animales. Esto significa que la meteorología estudia los cambios atmosféricos que se producen en cada momento en parámetros como la **temperatura** del aire, su contenido en **humedad**, la **presión atmosférica**, el **viento**, las **precipitaciones**, etc. El objetivo de la meteorología es predecir cómo será el tiempo al cabo de 24 o 48 horas en general, o realizar **predicciones** a medio plazo.

Las condiciones meteorológicas en un día concreto pueden ser muy distintas del clima de una región.

La veleta, a la izquierda, a menudo representada por el perfil de un animal o por una flecha, nos indica la dirección del viento. El anemómetro, a la derecha, registra la velocidad del viento.

METEOROLOGÍA DINÁMICA

Estudio de las leyes que rigen los movimientos de las grandes masas de aire de la atmósfera.

Conocemos por tiempo, o tiempo atmosférico, el estado de la atmósfera en un lugar y en un momento dados.

EL ESTUDIO DEL TIEMPO Y SUS APLICACIONES

La meteorología estudia la atmósfera desde tres aspectos distintos. Por un lado, describe las condiciones generales que presenta en cada uno de los lugares concretos del planeta, indicando para ello la existencia o no de precipitaciones, los valores de la temperatura, la presión, etc. En segundo lugar, investiga la manera de comportarse del conjunto de las grandes **masas de aire**, con objeto de establecer leyes generales acerca de su influencia sobre otros factores. En tercer lugar, se dedica a analizar cada uno de los factores particulares que caracterizan a la atmósfera para poder establecer en este caso las **leyes** que les rigen. Gracias a estas leyes, es posible predecir después el tiempo. La meteorología tiene varias aplicaciones prácticas, entre ellas unas de las más importantes son **meteorología aeronáutica** (para el tráfico aéreo), la **meteorología agraria** (para prever las condiciones adecuadas para los cultivos) y la **meteorología médica** (que estudia la influencia de estos factores en la salud humana).

Distribución de las temperaturas en la Tierra: siempre frío (en azul), veranos templados e inviernos fríos (violeta), veranos calurosos e inviernos fríos (rosado), veranos frescos e inviernos suaves (verde), veranos calurosos e inviernos templados (amarillo), siempre caluroso (anaranjado).

Introducción

Origen
de la Tierra

Historia
geológica

Cristalografía

Los minerales

Las rocas

Actividad
del planeta

LA CLIMATOLOGÍA

Es la ciencia que estudia el **clima** y sus variaciones a lo largo del tiempo. Se parece a la meteorología en que estudia los mismos factores (precipitaciones, humedad del aire, viento, presión, etc.) pero se diferencia en que lo hace **a largo plazo**. Se define el clima como el conjunto de los fenómenos meteorológicos que caracterizan las condiciones habituales de un determinado lugar de la superficie del planeta. El clima es un **valor estadístico**, es decir, que indica las condiciones más frecuentes y, por lo tanto, las que probablemente encontraremos si consideramos un largo período de tiempo. Así, en un desierto puede producirse una tormenta con abundante cantidad de agua, pero sólo cada cierto número de años. A pesar de esa lluvia puntual, el clima seguirá siendo desértico.

El estudio del clima, objeto de la climatología, permite a los científicos observar las tendencias de los cambios de tiempo en lugares concretos. En las últimas décadas, por ejemplo, se está comprobando que llueve todavía menos en los desiertos y que la temperatura está subiendo en las zonas polares.

CICLO CLIMÁTICO

Período amplio de tiempo (muchos años o siglos) al que se aplican las condiciones climáticas.

Los satélites meteorológicos permiten observar la atmósfera y sus variaciones, contribuyendo al estudio del clima y a la predicción del tiempo.

LOS MAPAS

Los mapas geográficos que hoy tenemos son el resultado de siglos de experiencia. Inicialmente se hacían anotando las posiciones en que un viajero (en tierra o por mar) encontraba **accidentes geográficos** (cabos, bahías, islas, montañas, valles, etc.). Después se fueron perfeccionando gracias a los aparatos de medición más precisos. Hoy se realizan utilizando como medio auxiliar muy importante las **fotografías** hechas desde el espacio por los **satélites artificiales**. Los mapas son un elemento imprescindible para estudiar el tiempo y el clima, pues las variaciones en las condiciones de la atmósfera dependen en gran medida de la distribución de mares y continentes y de la existencia de accidentes geográficos.

El tiempo varía de un día para otro. El clima varía a lo largo de grandes períodos de tiempo, de varios siglos.

↑

Tipos
de clima

Mares y
océanos

Las aguas
terrestres

Formación
del paisaje

La erosión

Paisajes
humanos

La cartografía

Índice
alfabético
de materias

meridiano 0

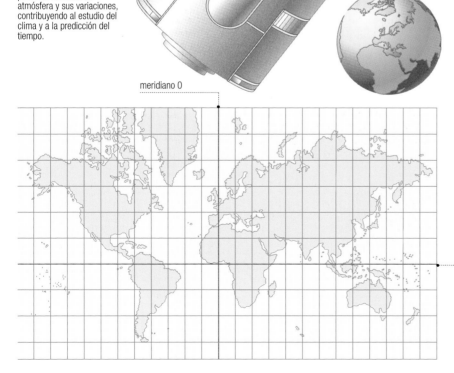

paralelo 0 (Ecuador)

Mapa de la Tierra (proyección de Mercator). Las líneas verticales representan los meridianos (permiten conocer la longitud) y las horizontales, los paralelos (permiten conocer la latitud).

LA CIRCULACIÓN DE LA ATMÓSFERA

La atmósfera es una mezcla de gases que rodea el planeta y que por su ligereza puede desplazarse con facilidad por su superficie. Como todos los gases, modifica su peso según la temperatura y eso hace que ascienda más o menos.

Puesto que hay variaciones de temperatura de unos puntos a otros de la Tierra, la atmósfera se calienta de distinta manera en esos lugares y el resultado es que está constantemente en movimiento.

La cantidad de calor que llega al suelo también depende de la transparencia del aire.

EL CALOR

La **energía** del Sol que llega a la Tierra atraviesa la atmósfera antes de calentar la superficie y se calienta a su vez. Pero la superficie puede ser de agua (como los **océanos**) o de roca (como los **continentes**) y el agua tiende a calentarse y enfriarse más lentamente que la roca. Por lo tanto, los continentes se enfrían y se calientan antes que los mares. De este modo aparecen diferencias de temperatura entre unos lugares y otros.

La cantidad de energía que llega a la Tierra depende también de la **inclinación** de los rayos solares. Si inciden verticalmente (p. ej., al mediodía, en verano) calientan más que si llegan muy inclinados (atardecer, en invierno). En las regiones polares los rayos del Sol llegan con una inclinación muy superior a como lo hacen en las regiones ecuatoriales. Por consiguiente, se acumula en éstas más calor que en los polos.

En el hemisferio norte predominan las tierras emergidas, mientras que en el sur predominan los océanos.

LA LATITUD Y LA ALTITUD

La **latitud** indica la posición que ocupa un punto de la superficie en relación al Ecuador y los polos. Viene medida por los **paralelos**, es decir, cada uno de los círculos menores en que puede cortarse el globo terráqueo en sentido horizontal. Se miden por grados, desde 90º para el polo hasta 0º para el ecuador y sirven de referencia aproximada para ver la inclinación de los rayos del Sol. Por lo tanto, las **latitudes altas** (de 60 a 90º) reciben menor cantidad de energía solar que las bajas (0 a 30º).

La **altitud** se refiere a la altura sobre el nivel del mar. A medida que aumenta, disminuye la densidad de la atmósfera y por lo tanto su capacidad de absorción de calor. Por este motivo, la temperatura general disminuye a medida que nos elevamos y así, en un mismo día, en la misma región hace en general más calor al pie de la montaña que en la cumbre.

Debido a la altitud, en las cimas de las montañas suele hacer más frío que en los valles.

LA CIRCULACIÓN GENERAL DE LA ATMÓSFERA

Hemos visto que el calentamiento de la superficie del planeta es distinta según se trate de agua o de tierra firme y también que la cantidad de energía que llega para poder calentarlos depende de la latitud. Además, según la **altura**, la cantidad de calor absorbida es diferente y también varía la **presión atmosférica**. Todo esto hace que haya zonas donde las masas de aire más ligero (caliente) tiendan a ascender mientras que las de aire más pesado (frío) tiendan a descender. Los movimientos de las grandes masas de aire son el origen del **viento**. Pero se ha observado que el conjunto de la atmósfera sigue un movimiento más o menos regular al que se le llama **circulación general** y que se debe a que hay zonas del planeta con unas condiciones características: a lo largo del **Ecuador** se extiende una zona de bajas presiones, luego siguen dos **regiones subtropicales** (entre los 30-35º de latitud) de altas presiones, dos zonas de bajas presiones en las **regiones templadas** y dos zonas de altas presiones que ocupan los **casquetes polares**. Las masas de aire se mueven entre estas zonas de distintas presiones.

FUERZA DE CORIOLIS

Fuerza de inercia que actúa sobre un cuerpo debida a la rotación de la Tierra. Los vientos alisios y los vientos ponientes se originan debido a la fuerza de Coriolis.

Vista de una porción de la Tierra, en la que se observan grandes corrientes de nubes.

La navegación a vela ha sido posible por la existencia de unos vientos generales en todos los océanos.

El viento en el mar ha permitido durante siglos el transporte marítimo, aunque en la actualidad se aprovecha sobre todo para determinados deportes náuticos.

GRANDES VIENTOS QUE SOPLAN SOBRE LA TIERRA

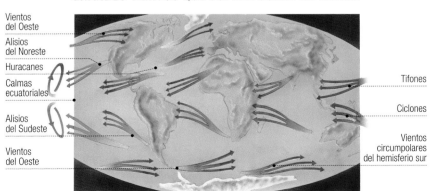

Vientos del Oeste
Alisios del Noreste
Huracanes
Calmas ecuatoriales
Alisios del Sudeste
Vientos del Oeste

Tifones
Ciclones
Vientos circumpolares del hemisferio sur

LA ROTACIÓN DE LA TIERRA

La **Tierra** gira alrededor de su eje y se producen así **fuerzas centrífugas** y de **inercia** que arrastran la atmósfera. Pero, además, al estar en contacto con la superficie se originan también **fuerzas de rozamiento**. Todas estas fuerzas tienen una gran influencia sobre el movimiento de las masas de aire, lo mismo que hacen sobre la masa de agua de los océanos. Así, cuando por las diferencias de presión el aire se pone en movimiento, la fuerza de rotación de la Tierra lo desvía según la dirección de marcha: en el hemisferio norte la desviación es hacia la derecha, mientras que en el hemisferio sur es hacia la izquierda. Por ejemplo, el viento que parte de un anticiclón en el hemisferio norte se desvía a la derecha y la circulación resultante lo contornea siguiendo el sentido de las agujas del reloj.

ELEMENTOS DEL CLIMA I

El clima es el resultado de numerosos factores que actúan conjuntamente. Los accidentes geográficos como son las montañas o los grandes océanos, influyen decisivamente en sus características. Sin embargo, pueden considerarse unos pocos elementos como esenciales y de ellos veremos aquí primero la temperatura, la humedad y la presión, así como una de las manifestaciones del clima que mejor se perciben, las estaciones.

LA TEMPERATURA

La temperatura es un indicador de la cantidad de **energía calorífica** almacenada en el aire y se mide en grados centígrados. Por consiguiente, varía dependiendo de los factores que modifican esa cantidad, como son la mayor o menor **inclinación** de los rayos solares (con el Sol bajo del atardecer llega menos calor), el tipo de **sustrato** (la roca se calienta, el hielo refleja casi toda la energía), el **viento** (la velocidad del aire puede enfriarlo), la **latitud** (cerca de los polos la luz incide siempre con un ángulo más bajo que en el ecuador), etc. Pero hay que distinguir también entre la temperatura del aire y la **sensación térmica**, que puede ser inferior. A 10 ºC y sin viento se puede estar en mangas de camisa al sol, pero con un viento de 80 km/h hay una sensación intensa de frío.

Aspecto de un paisaje ecuatorial.

MICROCLIMA

Es el conjunto de condiciones climáticas existentes en un lugar concreto y que se diferencian de las generales de su entorno.

Una **isoterma** es la línea que une los puntos de igual temperatura de un territorio.

Una **isobara** es la línea que une los puntos situados a la misma presión.

HUMEDAD

Indica la cantidad de vapor de agua presente en el aire. Depende de la temperatura, y el aire caliente contiene más cantidad que el frío. Para medirla se utilizan varios sistemas. Se define la **humedad absoluta** como la cantidad de vapor de agua presente en una determinada unidad de volumen de aire (g/cm^3). La **humedad relativa** del aire se expresa en tantos por cientos y se refiere a la proporción entre la cantidad de vapor de agua presente en una masa de aire y la cantidad máxima que podría tener a esa misma temperatura, es decir, si estuviera saturada. La **saturación** es el punto a partir del cual una mayor cantidad de vapor de agua no puede permanecer en este estado y precipita en forma de agua.

ROCÍO

Agua que se deposita sobre los objetos cuando la humedad del aire alcanza el punto de saturación.

PRESIÓN

Se entiende por **presión atmosférica** el peso de la masa de aire por unidad de superficie. Por ese motivo es mayor a nivel del mar que en la cumbre de una montaña. Las grandes diferencias de presión podemos percibirlas porque nos cuesta trabajo respirar si ascendemos a alturas superiores a los 3.000 metros. La presión a nivel del mar tiene un valor aproximado de 1.013 **milibares** y disminuye progresivamente al aumentar la altura.

La altitud (más frío a mayor altitud) es determinante para que las precipitaciones sean en forma de lluvia o de nieve. En la imagen, la cumbre nevada del Chimborazo, en Ecuador.

LAS ESTACIONES

Dependiendo de la latitud y de la altura, los cambios meteorológicos a lo largo del año pueden ser mínimos, y entonces reinan siempre las mismas condiciones (p. ej., en las zonas ecuatoriales bajas), o máximos y entonces se pueden distinguir períodos definidos que llamamos estaciones. Donde más se perciben son en las latitudes medias, o regiones templadas.

En estas zonas de la Tierra se habla de cuatro estaciones: primavera, verano, otoño e invierno. Pero hay variaciones que hacen que en algunos lugares sólo existan dos estaciones (una fresca y húmeda y otra cálida y seca) o que una de ellas sea mucho más extensa que las otras tres, etc.

LA PRIMAVERA

Astronómicamente comienza hacia el 21 de marzo y finaliza el 21 de junio en el hemisferio norte y el 21 de septiembre y el 21 de diciembre respectivamente en el hemisferio sur. Aumenta la duración del día y disminuye la inclinación de los rayos solares, elevando las temperaturas.

EL VERANO

Astronómicamente comienza hacia el 21 de junio y finaliza el 21 de septiembre en el hemisferio norte, y el 21 de diciembre y el 21 de marzo respectivamente en el hemisferio sur. Se alcanza la máxima duración del día y el sol sigue un recorrido alto por el firmamento. Es la estación de las máximas temperaturas.

EL OTOÑO

Astronómicamente comienza hacia el 21 de septiembre y finaliza el 21 de diciembre en el hemisferio norte, y el 21 de marzo y el 21 de junio respectivamente en el hemisferio sur. Comienza a disminuir la duración del día y el sol incide más bajo. Progresivamente descienden las temperaturas.

EL INVIERNO

Astronómicamente comienza hacia el 21 de diciembre y finaliza el 21 de marzo en el hemisferio norte, y el 21 de junio y el 21 de septiembre respectivamente en el hemisferio sur. Se alcanza la duración mínima del día y también las temperaturas más bajas del año.

ELEMENTOS DEL CLIMA II

Los tres elementos que vimos en el anterior apartado son característicos de la atmósfera. Ahora veremos otro elemento del clima de mucha importancia y también muy perceptible, el viento, que mezcla las distintas capas de aire. Para finalizar, pasaremos a las precipitaciones, que junto con la temperatura, son dos de los caracteres más utilizados para definir los distintos tipos de clima que se dan en nuestro planeta.

EL VIENTO

Se define como el aire en movimiento y, en efecto, se produce cuando una masa de aire se vuelve menos densa al aumentar su temperatura y se eleva, ocupando entonces el hueco del aire más denso y frío. Pueden distinguirse los vientos generales y permanentes que recorren el globo a consecuencia de la **circulación general de la atmósfera** y otros que tienen lugar a consecuencia de cambios meteorológicos locales, y que pueden ser periódicos o no.

ojo del huracán

aire cálido y húmedo

cumulonimbos

vientos huracanados

ALISIOS

Son vientos permanentes que soplan hacia el Ecuador desde zonas subtropicales.

Los huracanes, o ciclones tropicales, son gigantescos remolinos de nubes que giran alrededor de un centro en calma (conocido como ojo) por donde desciende el aire cálido. Cuando se desplazan sobre tierra son enormemente destructivos.

Cuando hay una gran diferencia de presión entre dos lugares, las isóbaras aparecen muy juntas y el viento es intenso.

ESCALA DE INTENSIDAD DEL VIENTO

Número de Beaufort	Velocidad (km/h)	Nombre
0	0-1	calma
1	1-5	aire ligero
2	6-11	brisa floja
3	12-19	brisa débil
4	20-28	brisa
5	29-38	brisa fresca
6	39-49	viento fresco
7	50-61	viento fuerte
8	62-74	viento tormentoso
9	75-88	tormenta
10	89-102	fuerte tormenta
11	103-117	tormenta huracanada
12	118-133	huracán
13	134-149	huracán
14	150-166	huracán
15	167-183	huracán
16	184-201	huracán
17	> 201	huracán

VIENTOS LOCALES

Además de los grandes vientos permanentes, las condiciones topográficas tan diversas del planeta hacen que existan vientos producidos por pequeñas alteraciones regionales. Un ejemplo bien conocido son las **brisas de mar** (aire fresco marino hacia tierra durante el día) y las **brisas de tierra** (aire del interior hacia el mar durante la noche) que soplan en las áreas costeras, o las **brisas de valle** (durante el día y en dirección a las cumbres) y **brisas de montaña** (durante la noche y hacia el valle) en las zonas de montaña.

Las brisas y vientos frescos son los ideales para navegar.

ALGUNOS VIENTOS CONOCIDOS DE LAS REGIONES TEMPLADAS
(DONDE SON MÁS ABUNDANTES)

nombre	lugar
bora	Adriático
cierzo	valle del Ebro
föhn	Alpes
harmatam	valle del Nilo
poniente	estrecho de Gibraltar
simum	Sahara
tramontana	S-Francia, NE-España

VIENTOS OCCIDENTALES

Son vientos permanentes que soplan en latitudes medias procedentes del oeste.

LAS PRECIPITACIONES

Cuando la humedad del aire supera el grado de **saturación**, se condensa alrededor de pequeñas partículas sólidas que flotan y se forman las **nubes**. Cuando el tamaño de las gotitas de agua o hielo es más grande que la capacidad de sustentación, caen por la fuerza de la gravedad, formando lo que se llama una **precipitación**. El proceso generador es un enfriamiento de la masa de aire, con lo que disminuye la capacidad de retención de vapor de agua, que debe condensarse. Este enfriamiento puede producirse por mezcla de masas de aire, pero en tal caso son raras las precipitaciones, o por un movimiento ascensional, que es cuando se forman grandes nubes y caen precipitaciones más o menos importantes.

La nieve que se acumula en las montañas constituye una buena reserva de agua para las estaciones más secas.

El efecto de las precipitaciones sobre el suelo depende de la geología y la vegetación; ésta última actúa como protector del terreno frente a la erosión.

LOS TIPOS DE PRECIPITACIÓN

Dependiendo de la temperatura y del grado de condensación hay varios tipos de precipitación. Si cae en forma de agua es **lluvia**, si es en forma de cristales de hielo es **nieve** y si lo hace en forma de masas densas de hielo entonces es **granizo**. Cuando las diferencias de temperatura entre dos masas de aire son muy grandes, la condensación se produce con rapidez y en gran cantidad, produciéndose precipitaciones muy intensas.

En diversos lugares de la Tierra existen dos estaciones: la seca y la húmeda; en la húmeda las precipitaciones suelen ser muy intensas, y a menudo provocan inundaciones.

PRECIPITACIONES MEDIAS ANUALES

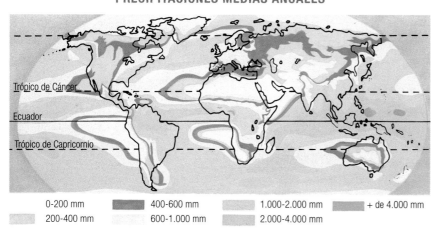

| 0-200 mm | 400-600 mm | 1.000-2.000 mm | + de 4.000 mm |
| 200-400 mm | 600-1.000 mm | 2.000-4.000 mm | |

Aunque la lluvia pueda parecer molesta, resulta muy beneficiosa ya que limpia la atmósfera.

PRECIPITACIONES ANUALES MEDIAS EN ALGUNAS CIUDADES DEL PLANETA

mm	Lugar
15	In Salah (Argelia)
41	Lima (Perú)
48	Cabo Yubi (Marruecos)
135	Verjoiansk (Siberia, Rusia)
259	San Diego (EEUU)
269	Coolgardie (Australia)
279	Murcia (España)
406	Churchill (Canadá)
411	Praga (Rep. Checa)
445	Saltillo (México)
574	La Paz (Bolivia)
708	Lisboa (Portugal)
779	Reykjavík (Islandia)
833	Caracas (Venezuela)
950	Buenos Aires (Argentina)
1.001	St. Louis (EEUU)
1.008	Durban (Sudáfrica)
1.026	Salina Cruz (México)
1.043	Gijón (España)
1.059	Bogotá (Colombia)
1.082	Rio de Janeiro (Brasil)
1.123	Quito (Ecuador)
1.224	La Habana (Cuba)
1.621	Tegucigalpa (Honduras)
1.836	Lagos (Nigeria)
1.918	Nagasaki (Japón)
1.930	Bergen (Noruega)
2.601	Valdivia (Chile)
2.906	Hokitika (Nueva Zelanda)
3.142	Sandakan (Indonesia)
3.434	Freetown (Sierra Leona)
10.798	Cherrapunji (India)

LA PREDICCIÓN DEL TIEMPO

Una de las secciones de mayor interés de los diarios y de los noticiarios televisivos es la relativa a la previsión meteorológica. El interés radica en la gran influencia que tiene el tiempo sobre nuestras actividades cotidianas.

Para hacer la previsión, los meteorólogos elaboran mapas donde se muestran todas las incidencias, pero para el hombre de la calle la presencia o no de nubes y el tipo de éstas es un indicio cierto sobre el tiempo que se avecina.

LOS MAPAS DEL TIEMPO

Con los datos recogidos en numerosas estaciones, los meteorólogos determinan las condiciones de la atmósfera en una determinada región amplia y aplican leyes ya experimentadas en la práctica para decir cómo evolucionará la atmósfera a partir de ese momento. Sobre un mapa se indican las **zonas ciclónicas** y **anticiclónicas**, los **frentes nubosos**, las **isobaras** y las **isotermas**, y con todo ello pueden indicar si va a llover o no y si soplará el viento o qué temperaturas máxima y mínima se esperan. Hay dos tipos de mapas, los que se hacen a nivel del suelo (que sirven para predecir el estado atmosférico que nos afecta más directamente) y los **mapas de altura** (que se realizan a unos 6 y unos 12 km de altura y que sirven para conocer los grandes movimientos de la atmósfera a nivel planetario).

ALGUNOS INSTRUMENTOS DE UNA ESTACIÓN METEOROLÓGICA

veleta (señala la dirección del viento)

higrómetro (registra la humedad del aire)

pluviómetro (indica la precipitación recogida)

termómetro (registra las temperaturas: máxima, mínima y actual)

heliógrafo (registra el número de horas de sol)

barómetro (indica la presión atmosférica)

Un típico mapa de previsión del tiempo. La A indica altas presiones (buen tiempo), la B, bajas presiones (mal tiempo).

LOS INSTRUMENTOS METEOROLÓGICOS

Para hacer uno mismo una previsión aproximada del tiempo, se utilizan pequeños equipos de pared que constan de un **termómetro** (temperatura), un **higrómetro** (humedad del aire) y un **barómetro** (presión). Los meteorólogos emplean muchos más instrumentos y de mayor precisión, pues también miden el viento (**anemómetro**) entre otros factores. Las estaciones meteorológicas se sitúan en lugares despejados y los instrumentos se colocan dentro de casetas ventiladas. Además de estas estaciones tradicionales, la meteorología moderna se basa, en gran medida, en las mediciones (fotos de nubes, medidas de temperatura, etc.) que realizan los **satélites meteorológicos**.

La previsión meteorológica más precisa es a corto plazo, de 1 o 2 días y sirve a nivel local.

Las previsiones a largo plazo, superiores a una semana, sólo pueden hacerse con precisión para grandes extensiones, pero no para las condiciones locales.

FRENTES, CICLONES Y ANTICICLONES

Cuando chocan dos grandes masas de aire uniformes, se produce una brusca variación de la humedad atmosférica y de la temperatura en la línea de choque, que se conoce como **frente**. Se llama **frente frío** cuando el aire que avanza es más frío que el que se encuentra y **frente cálido** cuando está más caliente. La zona alterada a consecuencia del choque se denomina **ciclón** o depresión. A los ciclones se oponen los **anticiclones**, que son zonas de altas presiones.

Introducción

Origen
de la Tierra

Historia
geológica

Cristalografía

Los minerales

Las rocas

Actividad
del planeta

Meteorología

Tipos
de clima

Mares y
océanos

Las aguas
terrestres

Formación
del paisaje

La erosión

Paisajes
humanos

La cartografía

Índice
alfabético
de materias

LOS PRINCIPALES TIPOS DE NUBES

cirrocúmulos

cirrostratos

altostratos

estratos

nimbostratos

cirros

cumulonimbos

altocúmulos

cúmulos

estratocúmulos

NIEBLA

Nube estratificada formada sobre la
superficie del suelo o a muy poca altura.

Las nubes de chubasco o
tormenta son los nimbostratos
y los cumulonimbos. ⬅

LAS NUBES

Se forman por condensación del agua, debida a un descenso de la
temperatura. Dependiendo de las condiciones atmosféricas adoptan
distintas formas y son un buen indicador para la previsión del tiempo. Se
las clasifica de muchos modos. Según su forma, pueden ser **estratos**
(aplanados, extensos y uniformes), **cúmulos** (voluminosos, formando
masas aisladas con la parte superior en forma de coliflor), **cirros**
(aspecto sedoso o filamentoso, formados por cristales de hielo) y **nimbos**
(voluminosos y oscuros). Además, existen formas intermedias
(cumulonimbos, estratocúmulos, etc.). También se las clasifica por la
altura a la que aparecen: **nubes bajas** (a menos de 2.500 m), **nubes
medias** (entre 2.500 y 6.000 m) y **nubes altas** (a más de 6.000 m).

ALTURAS A LAS QUE SE PRESENTAN ALGUNAS NUBES

Tipo	Altura (m)	Ejemplos
nubes altas	6.000-12.000	cirros, cirrocúmulos, cirrostratos, halos
nubes medias	2.500-6.000	altocúmulos, altostratos, cumulonimbos
nubes bajas	1.500-2.500	nimbostratos, cumulonimbos
nubes bajas	0-1.500	estratos, estratocúmulos, cúmulos, cumulonimbos

TIPOS DE CLIMA I

Un viaje corto a una región del planeta puede sorprendernos y encontrarnos de pronto una intensa tormenta con lluvia torrencial en el desierto o una prolongada sequía en una región famosa por su clima húmedo. Esas circunstancias son sólo hechos anecdóticos para el clima, pues si permanecemos en esas regiones un tiempo prolongado observaremos que mantienen unas características bien definidas y que corresponden a uno de los tipos de climas que veremos a continuación.

CLASIFICACIÓN DE LOS CLIMAS

Se puede hablar de **climas** o de **zonas climáticas**. Con ello designaremos regiones más o menos extensas del planeta que guardan unas condiciones uniformes y distintas de las de las áreas vecinas. Para clasificar los climas, se atienden a distintos factores, principalmente la temperatura y las precipitaciones, que son dos índices muy importantes para el desarrollo de la vegetación. Así, se distinguen climas: **cálidos**, **templados**, **fríos** y **polares** cuando se considera la temperatura, y climas **secos** o **húmedos** si los medimos por las precipitaciones. Pero dentro de estos grupos hay que hacer nuevas clasificaciones dependiendo de los valores que se miden. Además, se producen combinaciones entre todas estas variedades y así se pueden encontrar climas fríos húmedos o secos, climas con ninguna estación, con sólo dos o con cuatro, y algunos climas especiales como los **insulares** o los de **montaña**.

UNA CLASIFICACIÓN DE LOS CLIMAS

Clima	Tipo	Características
tropical húmedo	ecuatorial lluvioso	lluvias abundantes en todas las estaciones
	tropical de dos estaciones	lluvias abundantes pero con una estación más seca
árido	semiárido	con una corta estación de lluvias
	árido continental	lluvias muy escasas
húmedo templado	mediterráneo	verano seco e invierno lluvioso
	pampeano	lluvia en todas las estaciones
	oceánico	lluvia en todas las estaciones, con su máximo en invierno
húmedo fresco	continentalizado	lluvias escasas en todas las estaciones
	atlántico	lluvias en todas las estaciones con máximos en verano
polar	subártico	lluvias en todas las estaciones con máximos en verano
	subpolar	precipitaciones escasas a lo largo de todo el año
	glacial	precipitaciones escasas a lo largo de todo el año

DISTRIBUCIÓN DE LOS PRINCIPALES PAISAJES DE LA TIERRA

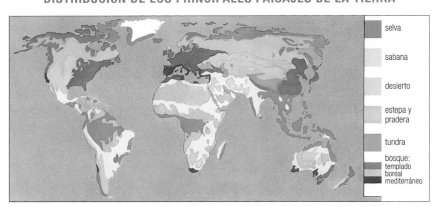

selva

sabana

desierto

estepa y pradera

tundra

bosque: templado boreal mediterráneo

Aspecto de la sabana africana durante la estación seca.

CLIMA ECUATORIAL LLUVIOSO

Forma una franja a ambos lados del Ecuador, entre los 10º de latitud norte y los 5º de latitud sur, y se caracteriza por la duración casi idéntica de los días a lo largo de todo el año, así que no pueden diferenciarse estaciones. La temperatura media es de unos 25 ºC, aunque puede haber diferencias de hasta 15 grados entre el día y la noche. El aire tiene un elevado contenido en humedad, debido a las constantes y abundantes lluvias que se producen a lo largo de todo el año, con una media de unos 2.000 mm. La vegetación típica es la selva lluviosa, como sucede en la Amazonia o África ecuatorial.

CLIMA TROPICAL DE DOS ESTACIONES

Forma dos franjas a ambos lados del Ecuador, entre los 10-20º de latitud norte y los 5-10º de latitud sur. Los días presentan ligeras variaciones a lo largo del año y también las lluvias disminuyen en intensidad a medida que se alejan del ecuador (varían entre 600 y 1.500 mm al año), mientras que la temperatura media es de unos 23 ºC. Todo esto hace que podamos hablar de una estación más seca y otra más húmeda. La vegetación característica es la sabana, con mayor o menor arbolado.

CLIMA SEMIÁRIDO

Este tipo de clima se encuentra tanto en las regiones templadas como en las tropicales, en zonas donde las lluvias son escasas, con medias de unos 200 mm al año. Las temperaturas pueden ser frías o cálidas, pero siempre hay unas grandes oscilaciones diarias (días calurosos y noches frías) o incluso anuales, en el caso de las frías. La vegetación de estas regiones es de tipo herbáceo o arbustivo.

Aspecto del Canyon National Park (Utah, EEUU).

En el desierto, debido a su extrema sequedad, a menudo apenas se dan condiciones para la vida.

CLIMA ÁRIDO CONTINENTAL

Aquí se incluyen lo que se conoce como desiertos, cuya principal característica es la extrema sequedad, pues las lluvias son escasas y se producen sólo cada ciertos años. Las temperaturas son extremas a lo largo del día ya que la ausencia de vegetación hace que el suelo se enfríe o se caliente con mucha rapidez. Estos desiertos pueden ser cálidos como el Sahara o fríos como los del centro de Asia. A pesar de ello, la mayoría cuenta con pequeñas zonas de vegetación, en particular en los lugares donde afloran aguas subterráneas formando los oasis. Uno de los calurosos es el Valle de la Muerte, en Estados Unidos, y el de mayor sequedad el de Atacama, en Chile.

CLIMA MEDITERRÁNEO

Este clima es típico de las regiones que circundan el Mediterráneo, pero se encuentra también en el extremo meridional de África, en la parte central de Chile y en California. Se caracteriza porque las lluvias se concentran en otoño e invierno, mientras que la primavera y en especial el verano presentan una acusada sequía. Las precipitaciones oscilan entre los 400 y 700 mm anuales, los inviernos son suaves y los veranos calurosos. La vegetación característica está formada por arbustos y árboles de hoja siempre verde. Existen variaciones dentro de este tipo de clima y así es más fresco y húmedo en la orilla norte del Mediterráneo que en la meridional, sometida a la influencia directa del Sahara. Al alejarse de la costa, este clima adquiere caracteres continentales, volviéndose más frío.

Aspecto de la costa mediterránea.

TIPOS DE CLIMA II

En este capítulo tenemos que continuar con la descripción de los climas, pues su gran variedad a lo largo del planeta hace muy difícil elegir los más representativos. Sin embargo, los que podemos ver en estos ejemplos son los más característicos de los grandes grupos, aunque entre ellos se pueden producir también influencias mutuas haciendo que muchas zonas gocen de climas mixtos.

CLIMA PAMPEANO

Es un clima parecido al mediterráneo, aunque con temperaturas medias algo más altas y una menor diferencia entre las distintas estaciones. En cuanto a las precipitaciones, se producen a lo largo de todo el año, si bien con mayor intensidad durante el verano, y sus valores medios oscilan entre los 600 y los 800 mm anuales. Aparece solamente en el hemisferio austral y su nombre le viene del lugar más característico, las **pampas argentinas**, aunque se encuentra también en varias regiones de Australia y en el sur de África. La vegetación es casi exclusivamente herbácea y los árboles son raros.

Aspecto de la pampa argentina. La abundancia de pastos permite el desarrollo de la ganadería.

CLIMA OCEÁNICO

El principal carácter de este clima es la fuerte influencia que ejercen los **vientos occidentales** sobre las regiones en las que aparece. Las oscilaciones térmicas son escasas, tanto diarias como anuales, haciendo que los inviernos sean suaves y los veranos, frescos. Las precipitaciones medias oscilan entre los 600 y los 900 mm anuales, aunque en aquellos lugares donde existen también cadenas montañosas, esos valores pueden ascender a más de 2.000 mm. Este tipo de clima se encuentra en las regiones costeras occidentales de Europa, donde la corriente del Golfo mitiga los efectos de la latitud, Norteamérica, Chile, Tasmania y Nueva Zelanda.

Paisaje de Escocia, en el norte de Gran Bretaña.

CLIMA TEMPLADO CONTINENTALIZADO

El alejamiento del mar hace que las oscilaciones térmicas sean acusadas a lo largo del día y entre las diferentes estaciones. También los vientos que llegan han perdido parte de su humedad durante el trayecto y descargan precipitaciones escasas, con valores de unos 400-500 mm anuales, distribuidas de manera uniforme durante todos los meses. Los veranos son cortos y calurosos y los inviernos, largos y fríos. Este tipo de clima aparece únicamente en el hemisferio septentrional puesto que a esas latitudes en el hemisferio austral no hay masas continentales lo suficientemente grandes. Se encuentra en el interior de Norteamérica y Eurasia. La vegetación típica son las **praderas** y **estepas**, a veces con algo de vegetación arbórea.

CLIMA TEMPLADO ATLÁNTICO

Las precipitaciones son moderadas, con medias de unos 750 mm anuales que se distribuyen por todo el año, aunque con mayor intensidad durante los meses estivales. En las áreas más cercanas a la costa y sometidas a la influencia **oceánica** pueden alcanzarse valores más elevados. El verano es corto y fresco, si bien pueden superarse los 30 °C durante el día. El invierno es largo y frío. La vegetación característica son los bosques de **caducifolios** solos o mezclados con **coníferas**. Las estaciones son muy acentuadas y claramente diferenciables. Este tipo de clima se encuentra en el hemisferio septentrional, a ambas orillas del Atlántico.

El hayedo es un bosque característico del clima templado continentalizado.

CLIMA SUBÁRTICO

Este clima es propio de las latitudes continentales altas, formando una extensa franja en el norte de Eurasia y de Norteamérica. Las temperaturas medias en verano no superan los 18 ºC. El período estival es corto, aunque los días son muy largos (de hasta 18 horas de sol), mientras que el invernal es prolongado y se alcanzan en él temperaturas de hasta –60 ºC en las zonas más continentales de Siberia. Las precipitaciones son escasas, pues varían entre los 375-500 mm anuales y se producen principalmente en verano, pero las de invierno, en forma de nieve, permanecen mucho tiempo en el suelo a causa del frío. La vegetación típica es el bosque de coníferas que forma la **taiga**.

Aspecto de la taiga en Siberia Central (Rusia).

CLIMA SUBPOLAR

Se extiende alrededor de los polos. Es característica la gran oscilación anual de la duración del día y la noche, con un día de 24 horas en el solsticio de verano y una noche permanente durante el de invierno. Esto, junto a la elevada latitud, hace que las temperaturas medias sean muy bajas, no superándose en verano la media de 10 ºC, y oscilando en invierno entre los –30 y –40 ºC. Las precipitaciones son escasas, de alrededor de 250-300 mm anuales. Dado que el suelo permanece helado nueve meses al año y después sólo se deshiela la capa superior, no es posible la vegetación arbórea, por lo que sólo crece la **tundra**, de musgos, helechos y plantas herbáceas.

En el extremo meridional de América del Sur, la tundra cubre una buena parte del territorio.

CLIMA GLACIAR

Se sitúa en ambos polos. Sus características son similares a las del clima subpolar aunque algo más acentuadas, en particular las temperaturas. El verano glaciar es muy corto y en la mayoría de los lugares apenas logra deshelar algo de la capa superficial y las orillas del mar. La vegetación se reduce a algún liquen en rocas protegidas de los excesivos rigores climatológicos en la Antártida y está ausente por completo en el Ártico, ya que es un casquete de hielo que flota sobre el mar, no un continente como aquélla.

La extrema dureza del clima de la Antártida hace que la vida sea prácticamente imposible en ella, salvo en las costas.

EL AGUA Y EL RELIEVE MARINO

Es mayor la superficie del globo cubierta por las aguas que la correspondiente a las tierras emergidas. Sin embargo, hasta el siglo XX el interior de esa enorme masa líquida continuó siendo un misterio.

Por debajo de la superficie del mar se extiende un paisaje de relieve muy acentuado, donde se forma constantemente nueva corteza terrestre y que alberga todavía muchas incógnitas para la ciencia.

LAS REGIONES DEL RELIEVE SUBMARINO

Trazando una línea entre dos costas separadas por un océano, el plano perpendicular que pasa por esa línea nos muestra las zonas características que forman el relieve marino, que son cuatro:

1. la **plataforma continental**, una llanura de anchura variable que bordea los continentes y que llega hasta los 200 metros de profundidad;

2. el **talud continental**, una pendiente más o menos pronunciada que conduce hasta los 2.500-3.500 metros de profundidad;

3. la **llanura abisal** que ocupa el fondo del océano, a una profundidad entre 3.500 y 6.000 metros, y que está recorrida por montañas;

4. las **fosas abisales**, zonas profundas que llegan hasta más de 10.000 metros.

PARTES DEL RELIEVE SUBMARINO

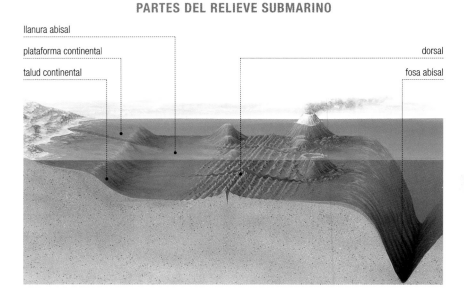

llanura abisal
plataforma continental
talud continental
dorsal
fosa abisal

VALLES SUBMARINOS

Cortes más o menos profundos en el talud continental, debidos por lo general a procesos de erosión.

 La llanura abisal supone el 75 por ciento de la superficie del océano.

EL FONDO OCEÁNICO

El fondo formado por las **llanuras abisales** apenas presenta pendiente y los únicos relieves que pueden observarse son las grandes cadenas montañosas submarinas representadas por las **dorsales**, así como las **fosas abisales**. Está cubierto de sedimentos, que son más gruesos cerca de los continentes y muy escasos o nulos al pie de las dorsales. Lo mismo que sucede en los continentes, estas cadenas montañosas dividen el fondo en **cuencas** o depresiones, a veces muy extensas y que son muy importantes para las **corrientes marinas**. Hay grandes llanuras abisales en el Mediterráneo occidental, en el Pacífico al sur de Alaska y a lo largo de la Antártida, entre otros lugares.

 En muchos lugares del océano, particularmente en el Pacífico, el fondo está cubierto de concreciones esféricas de manganeso de gran pureza.

La plataforma continental es la zona donde se desarrolla la mayor parte de la vida marina.

LAS DORSALES

Son gigantescas cadenas montañosas que aparecen en el centro de los océanos. Al parecer son el resultado de la actividad generadora de **corteza** y en ellas se observa una intensa **actividad volcánica**, formándose depósitos de lavas que elevan la cadena. En algunos lugares alcanzan una anchura de unos 2.500 kilómetros y, en otros, aparecen cortadas por profundos tajos que crean una verdadera discontinuidad. El conjunto de las dorsales oceánicas están relacionadas entre sí formando la **Gran Dorsal**, que mide cerca de 35.000 kilómetros de longitud y que se extienden por los océanos Índico, Pacífico y Atlántico.

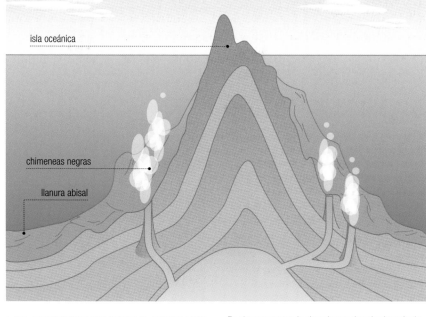

isla oceánica

chimeneas negras

llanura abisal

Las difíciles condiciones de las profundidades oceánicas (poco alimento, ausencia de luz, presión elevada, etc.) han dado lugar a peces de aspecto curioso.

LAS FOSAS ABISALES

Se trata de zonas muy profundas del fondo abisal, que se encuentran siempre a más de 6.000 metros bajo la superficie y que suelen disponerse en los bordes de los océanos o cortando las dorsales mediooceánicas. Son alargadas y relativamente estrechas, con paredes a menudo muy inclinadas, de hasta 45 grados. La anchura varía entre los 30-50 kilómetros.

LAS PRINCIPALES FOSAS ABISALES

Nombre	Profundidad (m)
Marianas	11.022
Tonga	10.882
Kuriles-Kamchatka	10.542
Filipinas	10.497
Kermadec	10.047
Chile-Perú	8.055

En algunos puntos, la cima de una dorsal sobresale de la superficie y forma una isla oceánica.

La fosa abisal más larga conocida es la de Chile-Perú, que mide 5.900 kilómetros.

CHIMENEAS NEGRAS

Orificios de las dorsales que emiten agua caliente (350 ºC) de color negro por las partículas que contienen.

Para la exploración y el estudio de los fondos oceánicos, se crearon los batiscafos (el primero fue el de Piccard, de 1948), pero posteriormente se sustituyeron por los submarinos de investigación, mucho más manejables.

LAS OLAS, LAS MAREAS Y LAS CORRIENTES

La enorme masa de agua que forma los mares y océanos está sometida a movimientos de distintos tipos, de manera parecida a como sucede en la atmósfera. Pueden resumirse en tres grandes grupos, esto es, las olas y las mareas, que se perciben en la superficie, y las corrientes, que discurren por el interior de los mares y que poseen una gran importancia para el clima.

LAS OLAS

Se trata de movimientos ondulatorios que se transmiten por las aguas superficiales y que lo hacen de modo perpendicular a su dirección de propagación. Esto significa que las partículas de agua afectadas por la ola realizan un movimiento **circular** o **elíptico** pero sin avanzar, es decir, no se desplazan. Una partícula de agua situada en la masa de la ola asciende y desciende, pero permanece en su lugar. Lo que se desplaza es el **movimiento ondulatorio**. Cuando las olas llegan a un fondo somero (una playa), se rompen y producen espuma. La principal causa de las olas es el **viento**. Existen también las llamadas **olas internas**, que no se perciben en la superficie y que son movimientos ondulatorios en la zona de contacto de dos masas de agua.

Los maremotos provocan vibraciones que se transmiten en forma de olas gigantes.

Comportamiento de una ola.

En la generación de una ola intervienen diversos factores, aunque el viento es el principal de ellos.

Las olas se transmiten generalmente a una velocidad de 10-15 m/s.

Las mareas más fuertes se registran en la bahía de Fundy (Canadá), con diferencias de 21 metros.

Arriba, mareas vivas producidas por la posición del Sol y de la Luna; abajo, mareas muertas.

Aspecto de un puerto pesquero en bajamar.

BAJAMAR Y PLEAMAR

Bajamar es el momento de mínima altura del agua en la marea, cuando finaliza el reflujo.
Pleamar es el momento de máxima altura del agua en la marea, cuando finaliza la creciente.

ESTADOS DE LA MAR

Oleaje	Nombre	Altura de la ola (m)
0	calma	0
1	rizada	0-0,25
2	marejadilla	0,25-1
3	marejada	1-2
4	fuerte marejada	2-4
5	mar gruesa	4-6
6	mar muy gruesa	6-7
7	mar arbolada	7-10
8	mar montañosa	10-12
9	mar enorme	> 12

LAS MAREAS

Movimientos de ascenso y descenso alternativos y regulares del nivel del mar debido a la influencia del **Sol** y, sobre todo, de la **Luna**. Cuando coinciden la posición del Sol y la Luna (novilunio o luna nueva) se suman ambas fuerzas de atracción y se producen ascensos y descensos muy intensos (**mareas vivas**), pero cuando están en oposición (plenilunio o luna llena) se restan (**mareas muertas**). Las mareas se producen dos veces al día y existen calendarios que se utilizan en los puertos para saber las variaciones de profundidad que resultan.

Introducción

Origen
de la Tierra

Historia
geológica

Cristalografía

Los minerales

Las rocas

Actividad
del planeta

Meteorología

Tipos
de clima

**Mares y
océanos**

Las aguas
terrestres

Formación
del paisaje

La erosión

Paisajes
humanos

La cartografía

Índice
alfabético
de materias

LAS CORRIENTES MARINAS

Consisten en el movimiento de grandes masas de agua por el interior de los mares y océanos debido a las diferencias de **presión**, de **temperatura** y de **salinidad** que se dan entre distintas zonas, así como a causa de la acción de **vientos** permanentes. En este último caso, se producen corrientes fijas y características de las distintas áreas del globo. La **fuerza de Coriolis** debida a la rotación de la Tierra, que influye sobre la dirección de los vientos, también afecta a las corrientes marinas. Tienen una gran importancia para la vida de los océanos ya que distribuyen los nutrientes necesarios para el crecimiento del fitoplancton.

Los nutrientes que arrastran las corrientes producen el fitoplancton que alimenta a los bancos de peces.

LA CIRCULACIÓN OCEÁNICA

Las grandes corrientes marinas no son una única masa de agua, sino que están formadas por numerosas ramas unidas que contribuyen al movimiento general. Se reúnen en principio en dos grandes **circuitos**, el polar y el tropical, que distribuyen las aguas en cada hemisferio. Pero ya que existen continentes, estos circuitos se dividen en otros menores.

LAS PRINCIPALES CORRIENTES OCEÁNICAS

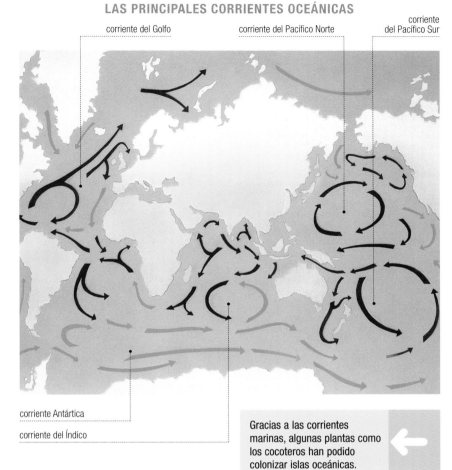

corriente del Golfo

corriente del Pacífico Norte

corriente del Pacífico Sur

corriente Antártica

corriente del Índico

Gracias a las corrientes marinas, algunas plantas como los cocoteros han podido colonizar islas oceánicas.

MARES Y OCÉANOS

El conjunto de las aguas que cubren las depresiones de la corteza forman los mares y océanos, que ocupan buena parte del planeta. En su conjunto se las denomina el océano, que suele dividirse en el Atlántico, el Pacífico y el Índico como grandes unidades, relacionadas entre sí mediante los océanos o mares polares. A su vez, las zonas delimitadas de cada uno de los océanos forman los mares regionales.

EL ATLÁNTICO

El segundo océano en cuanto a superficie, se extiende entre Europa y África en su orilla oriental y América por el occidental. Constituyó en la antigüedad el límite del mundo conocido y una barrera infranqueable para los navegantes. La mayor característica de su relieve submarino es la gran **dorsal Atlántica**, que lo recorre desde Islandia hasta cerca de la Antártida. Las principales corrientes marinas son la del Golfo, la Ecuatorial del Sur, la de Labrador, la de Guinea, la de las Canarias y la de Bengala. En su zona central, son frecuentes las **tormentas tropicales**, mientras que en las latitudes altas se producen en invierno tormentas con olas de 20 metros de altura.

La pesca es el principal aprovechamiento económico del Atlántico.

CARACTERÍSTICAS DEL ATLÁNTICO

Superficie	106,57 millones km^2
Salinidad	33-37 por mil
Temperatura del agua	29 °C (Caribe) a –3 °C en aguas polares

TRES CONTINENTES RODEAN EL OCÉANO ATLÁNTICO

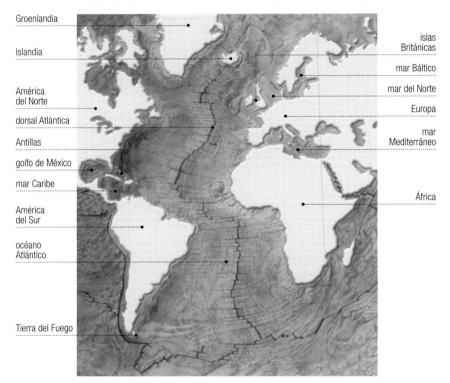

Groenlandia
Islandia
América del Norte
dorsal Atlántica
Antillas
golfo de México
mar Caribe
América del Sur
océano Atlántico
Tierra del Fuego

islas Británicas
mar Báltico
mar del Norte
Europa
mar Mediterráneo
África

Vigo (España), un importante puerto atlántico.

Los principales yacimientos petrolíferos marinos del Atlántico están en el mar del Norte, golfo de México y frente a Venezuela.

LOS MARES DEL ATLÁNTICO

Los principales mares regionales son el **Mediterráneo**, de 2,6 millones de km^2, que separa Europa de África, el **mar del Norte**, de 580.000 km^2, entre las islas Británicas y el continente europeo, el **mar Báltico**, de 420.000 km^2, cerrado al norte por Escandinavia, y en América el **mar Caribe**, de 2,6 millones de km^2, entre Norteamérica, Centroamérica y Sudamérica, cerrado por las Antillas.

Las mayores profundidades del Atlántico se consiguen en la fosa de Puerto Rico, de 9.219 metros de profundidad.

EL PACÍFICO

Es el mayor de los océanos del planeta y se extiende entre Asia y el continente americano. En su parte septentrional, ambos continentes se aproximan mucho, dejando un estrecho paso (Bering) hacia el **océano Glacial Ártico**, que es el mar que le pone en comunicación con el Atlántico. El relieve submarino se caracteriza por una gran llanura abisal en su parte central y la dorsal que discurre frente a las costas americanas y que se dobla frente a la Antártida para llegar a Australia. El Pacífico cuenta con un gran número de islas, pero apenas forma mares interiores.

¿PACÍFICO?

El fondo del Pacífico muestra una gran actividad volcánica. También es el océano de mayor profundidad media y el que alcanza las máximas profundidades.

Aspecto de las islas de la Sociedad, en la Polinesia Francesa, en el sudoeste del océano Pacífico.

EL ÍNDICO

El tercer gran océano por sus dimensiones se extiende entre las costas orientales de África, el sur de Asia, Australia y la Antártida. Es el más cálido de los tres y también el que contiene las aguas más saladas. Su relieve submarino se caracteriza por una dorsal central que desciende desde la península Arábiga y que en la parte central del océano se bifurca en dos ramas, una que se dirige hacia Sudáfrica para reunirse con la dorsal Atlántica y otra que lo hace hacia Australia, donde se conecta con la dorsal del Pacífico. Entre sus mares subsidiarios destacan el **mar Rojo** y el formado por el **golfo Pérsico**.

CARACTERÍSTICAS DEL ÍNDICO

Superficie	74,12 millones km²
Salinidad	33-44 por mil (en el mar Rojo)
Temperatura del agua	32 °C a –3 °C en aguas polares

EL OCÉANO PACÍFICO

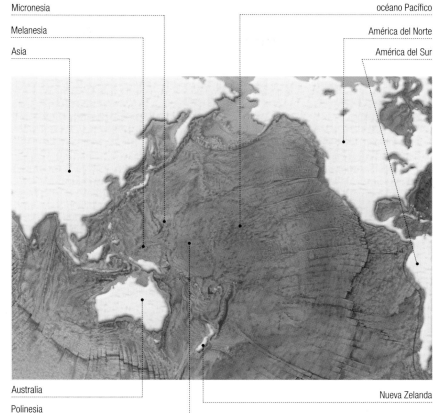

Micronesia
Melanesia
Asia
océano Pacífico
América del Norte
América del Sur
Australia
Polinesia
Nueva Zelanda

CARACTERÍSTICAS DEL PACÍFICO

Superficie	181,34 millones km²
Salinidad	33-37 por mil
Temperatura del agua	29 °C a –3 °C en aguas polares

Las corrientes de Humboldt, de California y de Kuroshivo son las principales del Pacífico.

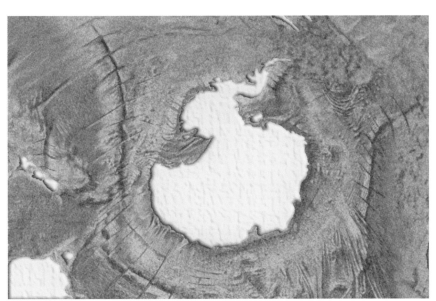

El Antártico es un mar de comunicación que rodea la Antártida y en él confluyen los océanos Atlántico, Índico y Pacífico.

LAS ISLAS

Se las puede definir como porciones de tierra firme rodeadas de agua. Se diferencian de los continentes, que también aparecen rodeados de agua por todos lados, por sus dimensiones, pues son mucho menores. Su origen puede ser volcánico, coralino, prolongaciones de un continente o cimas emergidas de montañas submarinas, pero una característica común es que en todas ellas, como es lógico, el clima viene fuertemente condicionado por la proximidad del mar.

LAS ISLAS Y SU CLIMA

Cualquier punto del interior de una isla se encuentra sometido a la influencia de los **vientos marinos** y, por lo tanto, de ellos dependerán su grado de humedad y el tipo de precipitaciones. Cuando la isla posee **montañas**, éstas suelen actuar como pantallas y al provocar el ascenso del aire húmedo hacen que se condense y produzca precipitaciones, a veces constantes. En el lado opuesto a donde sopla el viento, en cambio, la lluvia es muy escasa. Por otro lado, las islas se encuentran también a merced de la influencia de las corrientes marinas frías o cálidas. Todo ello hace que su clima presente unas características de comportamiento similares en todo el mundo, aunque la **latitud** influya en la temperatura superficial.

 Las islas de dimensiones muy reducidas reciben el nombre de **islotes**.

ARCHIPIÉLAGOS

Conjunto formado por varias islas de características similares que forman una unidad geográfica.

El mar condiciona de manera notable el clima que impera en las islas, en especial si no son muy grandes.

La mayor isla del Caribe es la de Cuba, de 110.922 kilómetros cuadrados.

ISLAS CONTINENTALES

Reciben este nombre las islas que se encuentran en las proximidades inmediatas de un **continente**, del que están separadas por un estrecho poco profundo que en algunas épocas geológicas puede quedar emergido, y que geológicamente son continuación de un continente, como lo demuestran sus fósiles y los tipos de rocas. Un ejemplo pueden ser las **islas Británicas**, situadas en la **plataforma continental** del oeste de Europa y separadas del resto del continente por el canal de la Mancha, que alcanza como máximo unos 100 metros de profundidad.

Ferry que une Dunquerque (Francia), con Ramsgate (Gran Bretaña). Las islas Británicas son islas continentales.

ISLAS OCEÁNICAS

Se designan así aquellas islas que se encuentran lejos de los continentes y que tienen un origen distinto a éstos. Pueden aparecer cuando una cadena montañosa submarina, una **dorsal**, llega hasta la superficie del agua y entonces sus cimas emergidas constituyen islas, a menudo de relieve muy abrupto. Otras veces son el resultado de grandes plegamientos o porciones del supercontinente original que no se fusionaron con los actuales y, entonces, sus dimensiones suelen ser grandes. Entre las mayores islas oceánicas están las de **Madagascar** y **Nueva Zelanda**.

Nueva Zelanda, formado por dos grandes islas oceánicas (la del Norte y la del Sur). En la fotografía, los Alpes Neozelandeses, en la isla del Sur.

ISLAS VOLCÁNICAS

Este tipo de islas son el resultado directo de la actividad volcánica que tiene lugar en las dorsales o en las zonas de subducción (zonas donde una parte de la corteza oceánica se introduce bajo la corteza continental). Muchas veces aparecen reunidas en grandes franjas, formando **cinturones volcánicos**. Este tipo de islas continúan produciéndose en la actualidad, como es el caso de la isla de **Surtsey**, en Islandia, que nació en 1963 en el curso de una erupción. El Pacífico tiene un gran número de islas de este tipo, muchas de ellas con intensa actividad eruptiva.

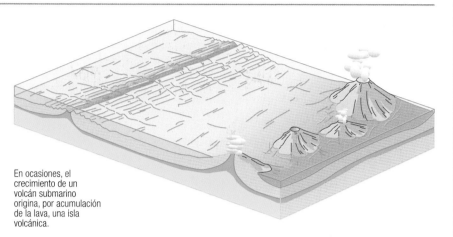

En ocasiones, el crecimiento de un volcán submarino origina, por acumulación de la lava, una isla volcánica.

LAS 10 MAYORES ISLAS DEL PLANETA
(no se incluye Australia, que se considera un continente)

Nombre	Océano	País	Superficie (km^2)
Groenlandia	Atlántico	Dinamarca	2.175.600
Nueva Guinea	Pacífico	Papúa-Nueva Guinea	791.439
Borneo	Pacífico	Indonesia-Malaysia-Brunei	725.472
Madagascar	Índico	República Malgache	587.037
Baffin	Ártico	Canadá	507.451
Sumatra	Pacífico	Indonesia	473.604
Honshu (Hondo)	Pacífico	Japón	227.411
Gran Bretaña	Atlántico	Reino Unido	218.040
Victoria	Ártico	Canadá	212.197
Ellesmere	Ártico	Canadá	196.236

Las islas y arrecifes coralinos son fruto de la actividad biológica de los corales.

ISLAS CORALINAS

Estas formaciones son de origen biológico. Se deben a la intensa actividad de los **corales**, que al morir dejan sus esqueletos calcáreos formando una estructura que sirve de base para el desarrollo de nuevos corales. Pueden alcanzarse así grandes espesores. Las partes más profundas se hunden y permiten que la estructura crezca por la parte superior donde hay mejor iluminación. Un cambio en el nivel del mar hace que la cima emerja y después la erosión produce suelo donde pueden crecer las plantas. Son islas de muy poca altura sobre el nivel del mar. Aparecen también cuando la laguna central de un atolón circular acaba secándose. Un ejemplo son las islas de la **Gran Barrera** de arrecifes de Australia.

La mayor isla de Sudamérica es la Grande de Tierra del Fuego, de 40.707 kilómetros cuadrados de superficie, compartida entre Chile y Argentina. Está separada del continente por el canal de Beagle y en ella abundan las aves marinas.

Un atolón es un arrecife coralino en forma de anillo en cuyo interior existe una laguna (llamada lagón), y que se comunica con el océano mediante uno o varios pasos.

LAS AGUAS DE SUPERFICIE

Aunque suponen una cantidad mínima del total de agua existente en el planeta, las aguas que discurren por la superficie de las tierras emergidas son muy importantes para todos los seres vivos, tanto plantas como animales.

Proceden en general directamente de las precipitaciones que caen (agua, nieve o granizo) o de los depósitos (acuíferos) que éstas forman y siguiendo la fuerza de la gravedad acaban por desembocar en la mayoría de los casos en los mares.

FORMACIÓN

El río puede nacer de un **manantial**, que por lo general es el agua de lluvia acumulada en el interior de la corteza al filtrarse por el suelo, o directamente de la lluvia o la nieve que caen sobre el terreno. En muchos casos suceden ambas cosas a la vez. Una parte del agua así caída se filtra para formar **acuíferos** (depósitos) y otra acaba excavando pequeños surcos. Varios surcos dan lugar a un **regato** por donde circula una cantidad más importante de agua. Numerosos regatos dan finalmente un **arroyo** que ya puede mantener una corriente constante. Dentro de un territorio varios arroyos se unen en un **río**, que desembocará en el mar si está cerca y en otro río mayor si está lejos de la costa.

Un manantial es la reaparición del agua captada por las cavidades subterráneas.

PARTES DE UN RÍO

afluente

salto de agua

curso alto

curso medio

subafluente

curso bajo

CUENCA

Conjunto de los cursos de agua que confluyen en un río principal al que alimentan, y que está separada de otra cuenca por barreras físicas (montañas, etc.).

Cuando un río discurre por un terreno muy accidentado forma un torrente.

AGUAS DE ESCORRENTÍA

Es el agua de lluvia que escurre por la superficie del suelo.

PARTES DEL RÍO

Cuando nace, el río tiene poco caudal pero su cauce presenta una elevada **pendiente**, por lo que la **erosión** es muy fuerte. El fondo está formado por rocas y prácticamente carece de vegetación sumergida. Este tramo se llama **curso alto**. Cuando el río posee ya un caudal importante y la pendiente es menor, la velocidad de la corriente disminuye y aunque hay erosión, también se forman en algunas zonas depósitos y puede crecer la vegetación sumergida. Este tramo se llama **curso medio**. Por último, cuando el caudal es muy grande y el cauce discurre por terrenos llanos de escasa pendiente, el agua circula a menor velocidad y la erosión es casi nula, pero se forman grandes depósitos. Aquí la vegetación sumergida es abundante. Este tramo se llama **curso bajo** y finaliza en la **desembocadura** en el mar.

CAUCE Y CAUDAL

Cauce es la porción de terreno excavada por la que circula el río, mientras que caudal expresa la cantidad de agua que circula por el mismo.

LAS MAYORES CUENCAS DEL MUNDO

Río	Continente	Superficie (km^2)
Amazonas	América del Sur	7.050.000
Congo	África	3.690.000
Nilo	África	3.350.000
Mississippi-Missouri	América del Norte	3.221.000
Río de la Plata-Paraná	América del Sur	3.140.000
Obi	Asia	2.975.000

TIPOS DE RÍOS

Los ríos suelen clasificarse según el modo de alimentación que mantiene su caudal. Hay 8 tipos principales:

1. **atlántico:** alimentado por la lluvia, caudal estable todo el año;

2. **continental:** alimentado por la lluvia y el deshielo, caudal variable;

3. **mediterráneo:** alimentado por la lluvia, caudal variable, a menudo con sequía estival;

4. **polar:** alimentado por el deshielo, caudal escaso y sólo en verano;

5. **alta montaña:** alimentado por lluvia y nieve, con sequía invernal y crecida estival;

6. **monzónico:** alimentado por lluvias estacionales, con sequía estival y crecida invernal;

7. **ecuatorial:** alimentado por lluvia, con dos crecidas al año;

8. **desértico:** alimentado por lluvias espaciadas, caudal escaso y seco la mayor parte del tiempo.

El Danubio, aquí a su paso por Budapest, es el segundo río más importante de Europa por su longitud (2.850 km) y por su caudal medio (6.500 m³ por segundo).

Introducción

Origen
de la Tierra

Historia
geológica

Cristalografía

Los minerales

Las rocas

Actividad
del planeta

Meteorología

Tipos
de clima

Mares y
océanos

**Las aguas
terrestres**

Formación
del paisaje

La erosión

Paisajes
humanos

La cartografía

Índice
alfabético
de materias

PRINCIPALES RÍOS DE LA TIERRA

Río	Continente	Longitud (km)
Amazonas-Ucayali	América del Sur	7.025
Nilo-Kagera	África	6.670
Mississippi-Missouri	América del Norte	6.418
Yangtsé Kiang	Asia	5.980
Yenisei-Angara	Asia	5.390
Paraná	América del Sur	4.700
Mekong	Asia	4.700
Amur	Asia	4.416
Congo	África	4.371
Lena	Asia	4.260
Mackenzie	América del Norte	4.241
Níger	África	4.200
Amarillo	Asia	4.150
Obi	Asia	4.020
Volga	Europa	3.694
Murray-Darling	Australia	3.490
Yukón	América del Norte	3.290
Indo	Asia	3.190
San Lorenzo	América del Norte	3.140
Syr Daria	Asia	3.019
Irtysh	Asia	2.970
Brahmaputra	Asia	2.900
Colorado	América del Norte	2.900
São Francisco	América del Sur	2.900
Danubio	Europa	2.860
Éufrates	Asia	2.760
Orinoco	América del Sur	2.100

Se suele distinguir entre cascada (salto de agua más alto que ancho) y catarata (más ancho que alto). En la imagen, la catarata de Gullfoss, en Islandia.

La cascada más alta del mundo es la de Angel, en Venezuela, que tiene un salto de 979 metros.

El Amazonas, el mayor río de la Tierra, a su paso cerca de la ciudad brasileña de Manaus.

Cuando el caudal es máximo, se habla del régimen de crecida y cuando es mínimo, de sequía.

LAS AGUAS SUBTERRÁNEAS

Antiguamente se creía que las aguas subterráneas, que ya se conocían, procedían del mar y que habían perdido su salinidad al filtrarse. En la actualidad, se sabe que es agua procedente de la lluvia.

Forma grandes depósitos que en muchos lugares son la única fuente de agua potable disponible. Cuando circulan por debajo de tierra, excavan a veces grandes sistemas de cuevas y galerías.

FORMACIÓN

Estas aguas proceden de las lluvias, como se ha podido demostrar al calcular el total de precipitación y la cantidad arrastrada con los ríos, que era menor. Esa diferencia es la que se filtra por el suelo y acaba formando el **acuífero**. Cuando llueve o nieva sobre un terreno permeable, una parte importante llega a las capas inferiores hasta que encuentra una capa impermeable que impide su paso. Los terrenos permeables son aquellos cuyas partículas forman poros lo suficientemente grandes para permitir el paso de las gotas más finas de agua.

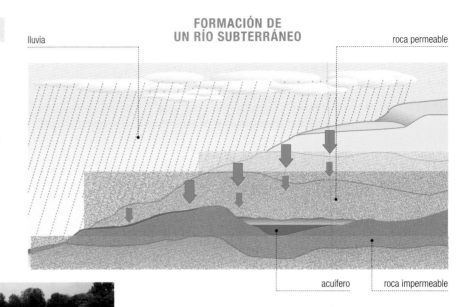

FORMACIÓN DE UN RÍO SUBTERRÁNEO

lluvia

roca permeable

acuífero

roca impermeable

Fracturas en la roca por las que se infiltra el agua que recarga los acuíferos en rocas consolidadas.

TIPOS DE ACUÍFEROS

Los acuíferos pueden ser **superficiales** y aparecen en la capa superior del suelo, por lo que se ven afectados por las condiciones meteorológicas y pueden secarse por evaporación. Otros acuíferos se forman en las proximidades de los ríos y se alimentan con agua de lluvia y agua de río; se les llama **mantos de llanura aluvial**. Los restantes pueden ser **libres**, formando un río, o bien **cautivos**, quedando el agua comprimida entre dos capas impermeables. Cuando se perfora, ésta sale a presión.

ACUÍFERO

Se llama así a la capa de agua subterránea situada sobre una superficie impermeable.

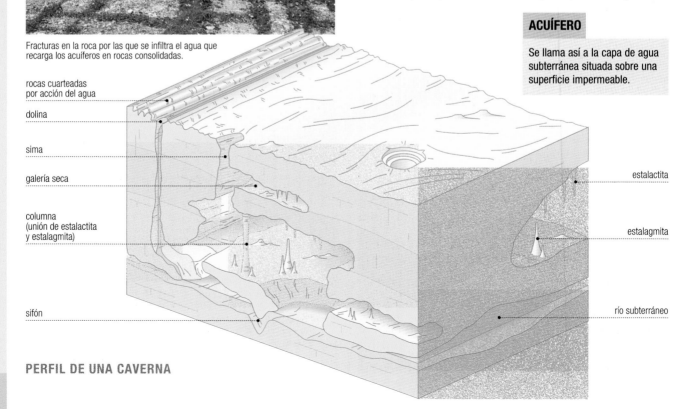

rocas cuarteadas por acción del agua

dolina

sima

galería seca

columna (unión de estalactita y estalagmita)

sifón

estalactita

estalagmita

río subterráneo

PERFIL DE UNA CAVERNA

MANANTIALES Y POZOS

El **manantial** es una salida natural del agua a la superficie, cuando el acuífero es libre. Suele producirse porque la capa impermeable forma una pendiente que en un determinado punto (donde surge el manantial) corta la superficie del terreno. El **pozo** es una salida artificial, perforada en un acuífero cautivo, con lo cual el agua puede salir a gran presión si se realiza en un punto inferior al nivel máximo del acuífero. Si la perforación se realiza a un nivel más alto, hay que extraer el agua con ayuda de medios auxiliares (bombas, etc.).

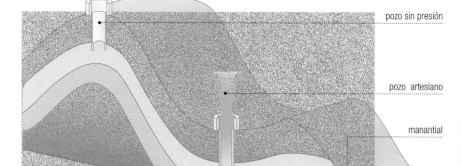

pozo sin presión

pozo artesiano

manantial

ESTALACTITAS Y ESTALAGMITAS

La estalactita es una columna que pende del techo de una gruta subterránea y la estalagmita, una columna que parte del suelo de una gruta subterránea.

 Las gravas y las arenas forman terrenos permeables, y las arcillas, terrenos impermeables.

El géiser *Oldfaithful* (el viejo fiel, llamado así porque aparece periódicamente con gran puntualidad), en el Yellowstone National Park (Wyoming, EEUU).

Algunas estalactitas y estalagmitas adquieren formas complejas y curiosas, por lo que la imaginación popular las bautiza con nombres de personas, objetos o fantásticos. En la imagen, la *Demoiselle*, en la Grotte des Demoiselles, en el sur de Francia.

CASOS ESPECIALES

Cuando el agua infiltrada atraviesa terrenos calizos tiene lugar un fenómeno llamado **carstificación**. Consiste en que el agua disuelve la caliza y va dejando huecos. Llega un momento en que se forma una gran cavidad, o cueva, por cuyo fondo discurre el **río subterráneo**. El agua infiltrada y cargada de carbonato cálcico da lugar a estructuras en forma de columna llamadas **estalactitas** y **estalagmitas**. Otras veces el agua llega a capas más profundas o a zonas donde hay actividad volcánica, se calienta y sale a la superficie formando un chorro que puede alcanzar varias decenas de metros de altura. Es lo que se llama un **géiser**.

LOS LAGOS

A veces se les ha considerado como mares en miniatura y en cierta medida tienen algún parecido. Son masas de agua dulce o salobre que se encuentran situadas en el interior de los continentes o islas y que por lo general están conectados a un sistema fluvial. Algunos son una fuente de sustento muy importante para las poblaciones ribereñas y poseen una gran importancia para la fauna.

MÁS QUE DEPÓSITOS DE AGUA

A diferencia de los **acuíferos,** que apenas reciben influencia de las condiciones climatológicas y que, en general, carecen de fauna y flora, los lagos son formas del paisaje que dependen de la región en que aparecen y que a menudo poseen una flora y una fauna muy importantes. Se forman en depresiones naturales y generalmente reciben el agua tanto de escorrentía como de algún río, y desaguan parte de ella a través de otro río o por infiltración. Sin embargo, hay algunos lagos que carecen de desagües, aunque pueden tener ríos que les alimentan. Este tipo de lagos suelen ser frecuentes en regiones desérticas.

En otros casos, el lago ocupa una depresión cerrada y sólo recibe el agua de lluvia, como es el caso de muchos lagos que ocupan antiguas **calderas volcánicas** o cavidades excavadas por un **glaciar**.

El lago Cuicocha (Ecuador) ocupa el cráter de un antiguo volcán.

La laguna es más pequeña que el lago y la masa de agua se mezcla siempre completamente.

Cuando un lago sólo recibe ríos pero no tiene desagües forma una cuenca endorreica.

ZONAS DEL LAGO

Cuando el lago tiene suficiente profundidad, se pueden distinguir en él varias zonas de manera similar a como sucede en el mar. Así, desde la orilla surge una **plataforma** de pendiente suave, que finaliza en un punto donde aumenta considerablemente la inclinación (es el **talud**), llegando hasta el **fondo** más o menos llano. En la plataforma es frecuente que se formen cinturones de **vegetación palustre**, que constituyen un ecosistema muy importante para las aves acuáticas. En cuanto a la masa de agua, si el lago es profundo, se forman varias capas de distintas densidades y temperaturas, que a veces no se mezclan entre sí.

PARTES DE UN LAGO

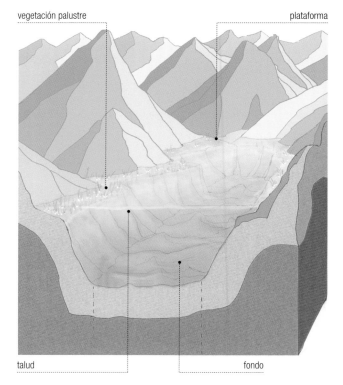

vegetación palustre

plataforma

talud

fondo

TIPOS DE LAGOS

Según el modo de formarse, se diferencian varios tipos de lagos. Los más frecuentes son los que aparecen en una depresión natural del terreno (p. ej., una falla) que se llena de agua; se les llama **tectónicos**. En otras ocasiones, cuando un volcán se extingue, la lluvia acaba por llenar la caldera, que será entonces un lago **volcánico**. En las montañas son frecuentes los lagos **glaciares**, que se forman después de desaparecer el hielo al rellenarse de agua las depresiones excavadas en el terreno. También pueden formarse en terrenos calizos hundidos al disolverse el suelo, o en los huecos causados por el impacto de un meteorito, etc.

 En el lago Baikal vive la única población continental de focas del mundo.

Muchos de los lagos de los Pirineos (entre Francia y España) son de origen glaciar.

PARTES DE UN EMBALSE

transporte de electricidad
coronamiento
presa de contrafuertes
central hidroeléctrica
aliviadero
roca
agua embalsada

LAGOS ARTIFICIALES

Particularmente a lo largo del siglo xx han surgido enormes lagos artificiales que tienen una gran influencia en su entorno. Se trata de los ríos represados mediante un **dique**. Éste se construye en un paso estrecho, y corriente arriba se va acumulando el agua, formando la **cola del embalse**, hasta ocupar a veces una gran extensión. Estos embalses se utilizan para generar energía eléctrica o como depósito de agua potable para el suministro a la población.

LOS MAYORES LAGOS DEL MUNDO

Nombre	País	Superficie (km^2)	Profundidad (m)
Caspio	Rusia-Irán-otros estados	371.000	1.025
Superior	Canadá-EEUU	82.100	406
Victoria	Kenia-Tanzania-Uganda	69.500	82
Aral	Kazajstán-Uzbekistán	64.500	65
Hurón	Canadá-EEUU	59.600	229
Michigan	EEUU	57.800	281
Tanganica	Burundi-Tanzania-Zaire-Zambia	32.900	1.470
Del Oso	Canadá	31.300	446
Baikal	Rusia	30.500	1.620
Malawi	Malawi-Mozambique-Tanzania	28.900	695

TITICACA

El lago Titicaca (Bolivia-Perú) mide 8.686 km^2 de superficie, tiene una profundidad de 281 metros, y está situado a 3.800 m de altitud (es el gran lago situado a mayor altitud del planeta).

 Los embalses tienen características intermedias entre las de un río y un lago.

Presa de bóveda de un embalse de los Pirineos.

 La mitad del lago Aral, también conocido como **mar de Aral**, ha desaparecido ya por desecación a causa de proyectos hidráulicos.

LOS GLACIARES

Las grandes masas de hielo que cubren los polos y las zonas altas de las mayores cadenas montañosas del mundo se denominan glaciares, aunque sean de dos tipos diferentes. Son el resto de la cubierta de hielo que se extendió por buena parte de las latitudes altas del planeta en el curso de las últimas glaciaciones. Tienen una gran importancia como agente erosivo de primer orden.

FORMACIÓN DE LOS GLACIARES

Todos los glaciares son el resultado de la acumulación de la **nieve**. Cuando el espesor de la que ha caído a lo largo de cierto tiempo adquiere un cierto peso, se va compactando lentamente. Eso supone que los cristales de nieve, que contienen aire, van perdiendo su forma. Se produce entonces un proceso de **recristalización**, con lo que resulta una nieve dura que a medida que va perdiendo aire se transforma en un hielo poco denso. Este primer hielo es la base del glaciar. Si el espesor de la nieve aumenta más y, por lo tanto, también lo hace el peso de toda la masa, el hielo acaba por comprimirse y se transforma en un **hielo** muy denso y carente de poros. Cuando el glaciar tiene una profundidad de hielo de más de 20 metros, las capas profundas adquieren propiedades plásticas y el glaciar puede deslizarse.

Lengua terminal del glaciar Skaftafell (Islandia).

HIELO BLANCO Y HIELO AZUL

El hielo blanco es el hielo poco denso que aparece en la zona superficial del glaciar, mientras que el hielo azul es el hielo muy denso y compacto de las zonas profundas del glaciar.

El inlandsis supone el 98 por ciento del total del hielo que existe en el planeta.

El desolado paisaje de los hielos árticos.

EL INLANDSIS

Este tipo de glaciar es el más extendido, pues es el que forma la totalidad de los casquetes polares y la capa de hielo que cubre Groenlandia. Forma una cubierta continua de gran espesor, unos 3-4 kilómetros de media, y su peso es tal que en algunas zonas ha hundido el suelo por debajo del nivel del mar. En los bordes del inlandsis, el hielo se desprende formando los **icebergs**. En el Ártico, al no existir un continente, el inlandsis flota directamente sobre el mar, pero en la Antártida cubre la práctica totalidad del continente, dejando sobresalir sólo los picos de algunas de las montañas más elevadas.

UNA CARRERA DE HIELO

La velocidad a la que se desplaza un glaciar depende de varios factores (características del suelo, climatología, etc.), siendo los principales la pendiente y el espesor. Cuanto más pendiente, más rápido se desplaza; cuanto más espeso, más lento se mueve. Así, algunos glaciares de los Alpes, como la Mer de Glace, se desplazan a razón de unos 120 metros por año, mientras que algunos glaciares de Groenlandia llegan a recorrer ¡20 metros al día!

LOS GLACIARES ALPINOS

Este tipo de glaciares, llamados también **de valle**, son los que se forman en las zonas de montaña. Aparecen por acumulación de hielo en zonas altas, que cuando alcanza un determinado espesor comienza a deslizarse por gravedad y desciende hasta alturas inferiores formando una especie de río de hielo. En estos glaciares se distinguen tres zonas principales: el **circo** es la zona de recepción de nieve y formación del hielo; suele tener forma más o menos circular y está limitada por las laderas de la montaña, salvo en la porción de salida. La **lengua del glaciar** es el río de hielo, es decir, la masa procedente del glaciar que se desliza ladera abajo. Por último, la zona donde la temperatura hace que el hielo se funda se llama **frente** o **zona de ablación**. En esta zona frontal y a los lados es donde se depositan todos los materiales arrastrados por la lengua.

PARTES DE UN GLACIAR ALPINO

Existen unos 200.000 glaciares alpinos distribuidos por las montañas de todo el planeta.

circo
hielo compacto
séracs (grietas)

rimaya
morrena lateral
lengua glaciar
morrena terminal
zona de ablación

Bajo el pico del Aneto (Pirineos españoles) pueden verse claramente las morrenas de un antiguo glaciar.

A veces se unen varias lenguas glaciares para formar otra gigantesca.

Uno de los más bellos glaciares de los Andes es el de Perito Moreno, que se rompe espectacularmente en el lago Argentino.

MORRENAS

Son los depósitos de los materiales arrastrados por la lengua del glaciar; pueden ser frontales o laterales. Cuando desaparece el glaciar, las morrenas pueden taponar un valle y originar un lago glaciar.

LA ACCIÓN DE LOS AGENTES

La corteza terrestre sufrió numerosas alteraciones debidas a las fuerzas internas, rompiéndose y formándose de nuevo, y gran parte de estos procesos continúan en nuestros días. Pero desde que existe la atmósfera, hay otros agentes que han ido contribuyendo a transformarla lentamente hasta tener el aspecto que presenta en la actualidad. Todos esos procesos se denominan erosión y los principales agentes causantes de esta acción son de tipo físico, químico o biológico.

LOS AGENTES FÍSICOS

Uno de los principales agentes erosivos que actúa mecánicamente es el **agua** al helarse. Se produce cuando el agua de lluvia, o de otro tipo, se introduce en las grietas de la roca y después un descenso de **temperatura** hace que se hiele. Como el **hielo** ocupa más volumen que el agua, la presión ejercida hace que la grieta se prolongue y rompa la roca en varios trozos. Otras veces, cuando la roca es porosa, primero se empapa de agua y después las pequeñas gotitas al helarse se dilatan y causan el mismo efecto, rompiendo en muchos trozos la roca.

En los climas muy cálidos y con grandes oscilaciones térmicas diarias, como en los desiertos, las rocas se calientan mucho durante el día y se dilatan, mientras que por la noche se enfrían (incluso a 0 ºC) y se contraen. Las repetidas dilataciones y contracciones acaban por desmenuzar la roca.

La destrucción de una roca debida a los cambios de temperatura entre el día y la noche es más eficaz cuando la roca consta de distintos minerales, cada uno con una capacidad de dilatación distinta.

EROSIÓN

Desmenuzamiento de la corteza terrestre a causa de los agentes externos en general y transporte del material producido.

En las zonas desérticas, los cambios bruscos de temperatura entre la noche y el día fragmentan las rocas.

LOS AGENTES QUÍMICOS

Para que los agentes químicos puedan actuar es necesario que el clima sea húmedo pues el **agua** es el intermediario de todas estas reacciones. El agua lleva disueltas cantidades variables de **oxígeno** atmosférico, que reacciona con ciertos minerales de las rocas y forman **óxidos**, mientras que en otras ocasiones son los propios iones de oxígeno e hidrógeno que forman el agua los que atacan a otros minerales. Cada tipo de mineral presenta un grado distinto de sensibilidad a estos agentes químicos. El **dióxido de carbono** del aire también se mezcla con el agua y forma **ácido carbónico**, que cuando se pone en contacto con algunas rocas, como las calizas, las transforma en **bicarbonatos** que son solubles en agua.

El agua del mar es un poderoso agente erosivo: el continuo golpear de las olas fragmenta las rocas y hace retroceder la costa.

Un tipo de agente erosivo reciente es la contaminación química del aire. Los contaminantes como el dióxido de azufre y otros reaccionan con el vapor de agua y forman ácidos.

El agua de la lluvia o procedente de la nieve cuando encuentra determinado tipo de terreno, actúa a la vez como agente físico y químico en la erosión, formando impresionantes desfiladeros, como esta hoz de Arbayún (Navarra, España).

LAS PLANTAS

Las plantas superiores, las que están provistas de raíces, ejercen una intensa labor de **excavación** mecánica del sustrato, pues en la búsqueda del agua que necesitan profundizan hasta encontrarla y son capaces de atravesar sustratos de rocas blandas o, incluso, de romper otras más duras. Pero aunque no tan visible, la labor de otros vegetales y organismos, como los líquenes, es quizá todavía más importante. En el caso de los **líquenes**, se les considera los verdaderos iniciadores del proceso de formación de los **suelos**, pues al actuar sobre la roca desnuda comienzan a desmenuzarla y permitir que otros organismos continúen la labor.

METEORIZACIÓN

Desmenuzamiento de la corteza terrestre a causa de los fenómenos atmosféricos (lluvia, viento, etc.) sin que se produzca transporte.

Se llaman pioneros a los organismos vegetales capaces de colonizar una roca y transformarla en suelo.

Los líquenes adheridos a las rocas facilitan su descomposición.

Las raíces de las plantas, al penetrar en el suelo, remueven los materiales y contribuyen a menudo a la erosión.

LOS ANIMALES

Los pequeños invertebrados como las lombrices airean el suelo, pero también contribuyen al proceso de **meteorización** de la roca madre al permitir la entrada de aire y agua, así como de microorganismos que producen secreciones que atacan a la piedra. La labor que realizan los animales es, en general, complementaria a los otros agentes erosivos en cuanto a las etapas iniciales, pero gana en importancia en la formación del suelo. Sin embargo, producen también secreciones y excreciones de materiales que tienen propiedades corrosivas y que cuando se acumulan en puntos concretos son un factor que hay que tener en cuenta.

El suelo es el resultado de la acción combinada de los agentes erosivos físicos, químicos y biológicos.

Los pequeños invertebrados, con su continuo escarbar, airean el suelo, transportan y producen sustancias químicas, y contribuyen a transformarlo.

LOS SUELOS

Gracias a la erosión y a la actividad de los seres vivos, la porción externa de la corteza rocosa del planeta se convierte en lo que conocemos como suelo. Sin él no es posible la existencia de las plantas superiores y sin ellas no pueden vivir los animales ni nosotros. Aunque forma una capa muy delgada, es esencial para la vida en tierra firme. Cada región del planeta presenta unos suelos característicos según el tipo de roca del que se han formado y de las condiciones climatológicas reinantes.

FORMACIÓN DEL SUELO

Para que se forme un suelo tienen que actuar factores geológicos (**roca madre**, **topografía**), geográficos (**clima**) y biológicos (**organismos vivos**). El tipo de roca madre es importante pues hará que el suelo sea de un tipo u otro; por ejemplo de una roca caliza, saldrá un suelo carbonatado. La topografía hace que la capa de suelo sea más o menos grande: si es en un terreno montañoso, las laderas más empinadas la tendrán muy delgada. Todos estos **materiales inorgánicos** se ven sometidos entonces a la acción de los organismos y al mezclarse con materia orgánica dan como resultado el **suelo**. También es muy importante el tiempo, pues el proceso es lento y para que un terreno desnudo adquiera una capa de suelo se requiere bastante tiempo.

La vegetación ayuda en numerosas ocasiones a fijar el suelo.

Los suelos desnudos son fácilmente erosionables.

EDAFOLOGÍA

Ciencia que estudia la formación y los tipos de suelos.

El suelo se calienta y se enfría más lentamente que la roca y retiene humedad y nutrientes.

PARTES DEL SUELO

El **suelo** no es simplemente una mezcla de restos minerales y residuos orgánicos, sino que esa mezcla aparece ordenada en capas. Típicamente un suelo puede constar de tres capas, llamadas **horizontes**, que se designan con las letras A, B y C. La más exterior es el **horizonte A**, y su contenido va desde ser totalmente orgánico en la superficie (hojas muertas, restos orgánicos) hasta tener algo de material inorgánico en la parte inferior. El **horizonte B** es una zona de transición, donde parte de la materia orgánica está totalmente descompuesta y aparece mezclada con el material mineral. El **horizonte C** es la inferior y la materia orgánica se reduce paulatinamente hasta llegar a la roca madre.

PARTES DEL SUELO

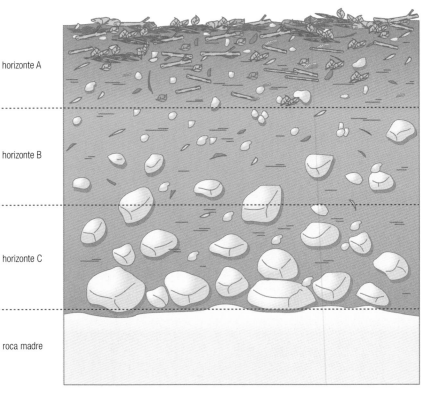

horizonte A

horizonte B

horizonte C

roca madre

UNA CAPA ESENCIAL PARA LA VIDA

El suelo es el único medio en que pueden crecer la mayoría de las plantas, pues allí encuentran disueltos en el agua los **nutrientes** (sales minerales) que necesitan para realizar la fotosíntesis. Todos los animales dependen de las plantas directa (fitófagos) o indirectamente (carnívoros) para vivir, y además muchos de ellos encuentran refugio en el suelo o viven en su interior (lombrices, etc.). Además, gran parte del alimento que consume la humanidad se obtiene directamente del suelo mediante los cultivos. A su vez, el suelo también depende de la presencia de las plantas para formarse y mantenerse. Si desaparece la **cubierta vegetal**, la erosión actúa y en poco tiempo acaba por eliminar todo el suelo.

Los cultivos no sólo proporcionan alimento a los seres humanos, sino que también contribuyen a que el suelo no se erosione.

TIPOS DE SUELO

Aunque un suelo típico consta de tres **horizontes** (A, B, C), en muchos casos sólo presentan uno o dos de ellos, y en otros, esos horizontes pueden dividirse a su vez en capas. Esto da origen a una gran variedad de combinaciones. Además, el suelo puede aparecer en el mismo sitio donde se formó, es decir, que será del mismo tipo que la roca madre que hay por debajo, mientras que otros aparecen en lugares distantes debido a procesos de **arrastre**, como pueden ser las avenidas de los ríos que transportan arenas y lodos mezclados con materia orgánica y que proceden de aguas arriba.

La tala de los bosques, ya sea para obtener madera (para la construcción, como combustible, pasta de papel, etc.), ya sea para crear pastos o zonas de cultivo, a la larga acaba ocasionando un grave daño a los suelos.

A mediados del siglo XIX, el químico alemán Justus Liebig demostró que las plantas obtenían su alimento del suelo.

Para formar una capa de 2,5 cm de suelo se necesitan entre 1 y 25 siglos.

Se calcula que cada año se pierden por erosión unos 75.000 millones de toneladas de suelo.

El suelo de los distintos lugares de la Tierra no ha presentado siempre el mismo aspecto. Así, por ejemplo, hace unos miles de años, el actual desierto del Sahara estuvo cubierto por una abundante vegetación.

TIPOS DE SUELOS

Cada región del planeta tiene una composición de suelos característica y aunque exista una gran variedad de tipos pueden reunirse en grandes grupos dependiendo de su uso o utilidad. Los desiertos son suelos muy extendidos que no permiten los asentamientos humanos, al contrario que los suelos formados por sedimentos ricos, que permiten una abundante vegetación, donde el hombre cultiva sus alimentos y puede establecerse.

LOS SUELOS ÁRIDOS

La cantidad de **materia orgánica** es muy reducida o totalmente ausente, por lo que a menudo están reducidos a materia mineral (arena, grava, rocas) dispuesta sobre la roca madre, como sucede en los **desiertos**. Cuando las condiciones son algo más húmedas, como en los **predesiertos**, aparece una ligera capa de materia orgánica, por lo general sólo en las depresiones. En este caso pueden crecer algunas plantas resistentes a la sequía. La **erosión** es muy intensa en estos suelos, principalmente la debida al viento.

En Egipto, sólo las tierras cercanas al Nilo son cultivables, el resto son prácticamente desierto o predesierto.

LOS SUELOS DEL PLANETA

Tipo	%
Helados (permafrost)	6
Encharcados	10
Fértiles	11
Muy superficiales	22
Pobres en nutrientes	23
Áridos	28

En 30 g de suelo puede haber 1 millón de bacterias, 100.000 células de levaduras y 50.000 partículas de micelio de hongos.

El suelo de los bosques tropicales es pobre en nutrientes y de escaso espesor, por lo que no es apto para el cultivo permanente.

El suelo de los bosques de las regiones templadas es rico en nutrientes, lo que permite el desarrollo de una abundante vegetación.

LOS SUELOS FORESTALES

Este tipo es muy variable y depende fundamentalmente del clima. Así, en el caso de las **selvas tropicales**, las constantes lluvias hacen que la materia orgánica que cae y se descompone resulte arrastrada con rapidez, con lo cual la cantidad de nutrientes es muy baja y la capa fértil muy delgada. En las **regiones templadas**, el cambio de las estaciones contribuye a crear una gran cantidad de residuos vegetales que se descomponen con rapidez y forman una espesa capa de **humus**. A partir de aquí surge un suelo rico en nutrientes y de gran espesor. En regiones frías, donde crece la **taiga**, los suelos son ácidos por la lenta descomposición de las agujas de las coníferas.

LOS SUELOS AGRÍCOLAS

Este tipo de suelos suelen aparecer en terrenos **sedimentarios** y zonas de arrastre, donde llegan materiales procedentes de otras zonas. Pueden ser de muy diversos tipos según las condiciones climatológicas. Se les clasifica por el grado de riqueza en nutrientes en sus distintos horizontes y el color característico que presenta: hay suelos **pardos**, **rojos** y **grises**. La capa de **humus** es gruesa y la capacidad de retención de agua es alta. Sobre este tipo de suelos crecen de forma natural los bosques de caducifolios y los prados naturales. Los usos agrícolas suponen la desaparición del bosque.

 El 1 % del suelo es materia orgánica y los seres vivos que viven en él suponen el 0,1 %, pero todos ellos son esenciales para su fertilidad.

PORCENTAJE DEL TIPO DE LOS SUELOS EN DISTINTAS PARTES DEL MUNDO

Lugar	Tierras agrícolas	Pastos	Selvas y bosques	Otros*
África	6	26	24	44
América – N y C	13	16	32	39
América – S	7	26	54	13
Asia – N y C	10	21	32	36
Asia – S	24	21	13	42
Asia – SE	17	5	57	21
Australia	6	55	18	21
Europa	31	18	32	20

* Aquí se incluyen los desiertos, terrenos yermos y suelo urbano.

Se conoce por suelo fértil al que es apto para el crecimiento de las plantas (naturales y cultivadas), es decir, rico en nutrientes y que permite el desarrollo de las raíces.

El espesor de la masa vegetal de las selvas tropicales oculta, paradójicamente, un suelo frágil.

Apenas una quinta parte de los suelos de la Tierra son aptos para el cultivo.

HUMUS

Capa de restos orgánicos finamente divididos, de color pardo a negro, que contiene bacterias nitrificantes, lombrices y otros pequeños invertebrados.

LA EROSIÓN FLUVIAL

Las aguas continentales son un agente erosivo de primera magnitud. En forma de ríos que discurren por la superficie o subterráneos, desgastan los materiales por donde pasa su cauce y arrastran los restos en dirección al mar, aunque van dejando sedimentos depositados en distintos lugares, haciendo que sean un elemento característico de los paisajes. El agua crea cascadas, cañones, meandros y deltas, y en determinadas épocas del año provoca la inundación de amplísimos territorios.

ETAPAS DE LA EROSIÓN FLUVIAL

La erosión debida a las aguas corrientes se produce siguiendo las mismas etapas en que se divide de modo natural el curso de un río, es decir, hay una **primera etapa** donde es muy intensa la **erosión mecánica** provocada por el agua y los materiales que arrastra, que se produce en el **curso alto** de los ríos. En la **segunda etapa**, de transporte, la acción mecánica es importante aunque menos que en la anterior, se arrastra una gran cantidad de residuos y la **erosión química** comienza a ser relevante; tiene lugar en el **curso medio** del río. La **tercera etapa** se produce en el **curso bajo** y en ella predomina la sedimentación de los materiales arrastrados, la acción mecánica es muy reducida y la química puede ser también importante.

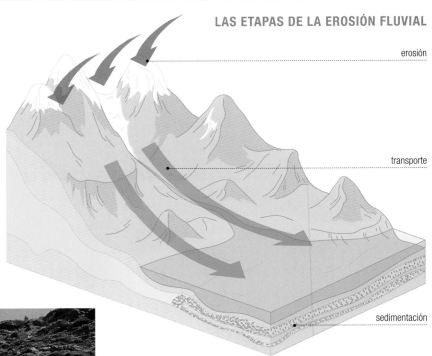

LAS ETAPAS DE LA EROSIÓN FLUVIAL

erosión

transporte

sedimentación

Las cascadas constituyen un claro ejemplo de erosión por el agua.

La energía producida por el agua de un río es proporcional a su cantidad y a su velocidad.

El movimiento del agua es **laminar** cuando lo hace por capas que se deslizan unas sobre otras, y es **turbulento** cuando esas capas se entremezclan.

MODOS DE ACTUAR DEL AGUA

La **energía** del agua es la responsable de la fuerza erosiva. Es capaz de arrancar trozos de roca que al ser arrastrados actúan a modo de martillos sobre el cauce, desprendiendo nuevos trozos. Cuando el cauce es irregular, el agua forma a menudo **torbellinos**, que arrastran arena y materiales más gruesos, pulimentando el fondo del río y creando cavidades. Otras veces, la pendiente elevada hace que el agua vaya dando pequeños saltos, que al aumentar de altura van ganando fuerza erosiva. De este modo, se pueden formar grandes **cascadas** de hasta casi 1.000 metros de altura. La zona del salto va retrocediendo paulatinamente aguas arriba a medida que se va desgastando. El agua también disuelve los materiales de algunas rocas o los ataca y transforma por **reacciones químicas**.

LAS INUNDACIONES

Durante las temporadas de **lluvias** intensas o cuando se produce el **deshielo**, el caudal de un río puede aumentar tanto que no cabe dentro del cauce y entonces las aguas se desbordan por las orillas. Este fenómeno se produce a veces de modo paulatino, pero otras lo hace violentamente y provoca una gran erosión de todo el territorio.

AGUAS TURBIAS

Aquellas que contienen partículas en suspensión al compensarse el peso y la fuerza ascensional de la corriente.

En algunos lugares del Sudeste asiático, las periódicas inundaciones tienen efectos beneficiosos ya que proporcionan el agua necesaria para los campos de cultivo de arroz. En la imagen, campos anegados en Birmania.

MEANDROS

El resultado de la erosión son materiales más o menos finos que el agua va arrastrando a lo largo del curso del río y que en muchas partes del **tramo medio** comienzan a depositarse en el fondo, cuando la fuerza de la corriente no es capaz de mantenerlos en suspensión. Pero la fuerza erosiva actúa después sobre estos depósitos, desgastándolos por la zona donde la velocidad del agua es más intensa, mientras que deposita nuevos materiales por donde es más débil. El resultado de este proceso es la formación de curvas sinuosas por donde discurren las aguas del río, o **meandros**.

Un valle fluvial no es una depresión sino una incisión en el terreno, aunque puede producirse en el fondo de una depresión.

LOS DELTAS

El final del proceso erosivo fluvial tiene lugar en la desembocadura, aunque en algunos grandes ríos la fuerza de la corriente es capaz de seguir erosionando el fondo de la **plataforma continental**, formando un **valle submarino**. En muchos lugares, los materiales que arrastra el río se depositan en la desembocadura formando lo que se llama un **delta**, que son terrenos sedimentarios extensos y donde hay un constante equilibrio entre la fuerza destructiva de la corriente y la aparición de nuevos depósitos.

Los deltas de todo el mundo son lugares de una gran riqueza biológica, y en ellos se han establecido numerosos parques nacionales.

LAS CUEVAS

En los terrenos calizos es frecuente la aparición de **cuevas subterráneas** debidas a la erosión química del agua, que transforma el carbonato insoluble en bicarbonato, que es soluble en el agua. Las reacciones químicas continúan por todo el terreno calizo dejando grandes **cavidades de roca disuelta**. La erosión mecánica es en general escasa en este tipo de ríos.

En los ríos subterráneos la erosión química tiene una gran importancia.

LA EROSIÓN DEL VIENTO

Comparado con el agua, el viento es un agente erosivo menos intenso, pero en las regiones secas adquiere especial importancia. En estas zonas forma los desiertos, que constituyen una superficie muy extensa en todo el planeta.

El viento constante puede dar lugar a estructuras tan conocidas como las dunas, pero también da formas muy particulares a las rocas de las regiones donde actúa con mayor intensidad.

LA ACCIÓN DEL VIENTO

El **viento** en sí mismo no realiza ninguna erosión pues carece de la fuerza suficiente. Lo que hace es transportar partículas que al chocar con otras o con el terreno contribuyen a erosionarlo. Pero para que pueda actuar también es importante que el terreno esté desnudo ya que si existe vegetación, amortiguará todo su efecto. Por ese motivo, la **acción eólica** puede observarse sólo en los **desiertos**. Además, es necesario que existan grandes diferencias de temperaturas para que la roca se desmenuce primero y que haya sequedad, ya que en caso contrario la lluvia o el agua recogerían las partículas del aire.

Junto con los cambios bruscos de temperatura, el viento es uno de los principales agentes erosivos en los desiertos rocosos.

EROSIÓN EÓLICA

Recibe este nombre la acción erosiva causada por el viento que transporta partículas minerales.

Los desiertos en los que se produce una mayor acción erosiva son los cálidos, como el del Sahara.

FORMACIÓN DE LOS DESIERTOS

Los grandes desiertos surgen en el curso de un proceso, llamado **desertización**, que tiene lugar en regiones del mundo donde un cambio climático y unas condiciones topográficas especiales favorecen la desaparición de las **precipitaciones** y la acción erosiva del **viento**. Los cambios en la **circulación general** de la atmósfera hacen que vientos cargados de humedad de los océanos no lleguen a la zona, por lo que suelen aparecer en el interior de los continentes. En otros casos, por ejemplo, Atacama (Chile), aunque el océano está cerca, una cordillera muy elevada se interpone en el paso de los vientos húmedos, que descargan en las laderas y cuando vuelven a descender lo hacen totalmente secos. La ausencia de agua impide el desarrollo de la **vegetación**, lo que a su vez favorece la acción erosiva del viento.

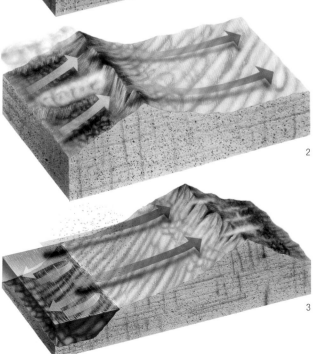

Tres situaciones posibles que sufren los desiertos:
1. Los desiertos continentales están lejos de los océanos y, a menudo, las cordilleras hacen de barrera a las lluvias;
2. Cuando un viento húmedo choca con una montaña, asciende y se enfría, dejando caer el agua que transporta en forma de lluvia que ya no llega al otro lado;
3. Los desiertos costeros son debidos a las corrientes de aire frío, que reducen la evaporación marina y transportan muy poca humedad.

LAS DUNAS

Al alcanzar una determinada fuerza, el viento es capaz de arrastrar partículas de distintos tamaños. Las más gruesas caerán al suelo cuando disminuya esa fuerza, mientras que las más finas continuarán desplazándose hasta que disminuya el viento y caigan. De este modo, se produce una estratificación de los materiales producidos y transportados durante la **erosión eólica**. Las partículas más ligeras acaban acumulándose en grandes depósitos sobre los cuales actúa el viento formando las **dunas**. Se trata de acumulaciones de arena fina, típicamente con aspecto de media luna, con una pendiente suave en el lado por donde viene el viento y otra brusca en el contrario. La cresta de la duna se va erosionando a causa del viento y el material se acumula por delante, con lo cual la duna se desplaza si no encuentra ningún obstáculo.

Las dunas son montañas de arena formadas por el viento alrededor de un obstáculo. En la imagen, dunas del desierto de Rub al-khali, en la península Arábiga.

ALGUNOS DE LOS PRINCIPALES DESIERTOS DEL PLANETA

Nombre	Continente	Lugar	Superficie (km^2)
Sahara	África	Mitad septentrional	9.100.000
Libia	África	NE del Sahara	1.680.000
Australiano	Australia	Región central	1.550.000
Arábigo	Asia	Península Arábiga	1.300.000
Gobi	Asia	Centro	1.040.000
Sonora	América	México	310.000
Kalahari	África	Botswana	260.000
Thar	Asia	India-Pakistán	260.000
Atacama	América	Chile	180.000
Namib	África	Namibia	162.000
Mojave	América	México-EEUU	65.000
Negev	Asia	S de Israel	12.800

LAS DUNAS COSTERAS

A lo largo de las costas de muchos mares se forman dunas en las zonas de **playa**. El proceso es similar al que tiene lugar en los desiertos. Las brisas constantes que soplan en estas zonas hacen que en muchas ocasiones se formen grandes campos de **dunas móviles**, que pueden cubrir la vegetación, pero cuando quedan detenidas, es la vegetación la que las vuelve a colonizar.

HAMADA

Nombre que se da al desierto rocoso, desprovisto de dunas.

ERG

Nombre que reciben en el desierto del Sahara los grandes campos de dunas.

Dunas costeras en el cabo de Gata (Almería, España), junto al Mediterráneo.

LA EROSIÓN GLACIAR

Los glaciares son unos agentes erosivos de gran importancia, que en el pasado modelaron buena parte del paisaje actual de las latitudes medias y altas de todo el planeta. Las enormes masas de hielo en desplazamiento llevan a cabo una labor lenta de desgaste de los terrenos por los que se deslizan, que puede observarse en aquellas regiones donde los glaciares han desaparecido.

FUNCIONAMIENTO DE LOS GLACIARES

A diferencia de lo que sucede con las masas de agua de los **ríos**, el modo de actuar de la masa de hielo de un **glaciar** sigue estando mal conocido. Los científicos han planteado numerosas hipótesis, pero quedan todavía muchos interrogantes. De todas maneras hay dos modos de acción principales en los glaciares. Uno de ellos es la **acción mecánica**. El **hielo** crea una gran presión debido a su peso, lo que va desgastando las rocas del cauce por donde se desliza. Además, arrastra rocas de muy diversos tamaños, que al desplazarse también erosionan las paredes y que acaban acumulándose en la zona final, formando las **morrenas**. Por otra parte, el agua fundida desempeña una **acción química** importante, al contribuir a desmenuzar la roca, que luego se completa con el arrastre dentro de la masa de hielo.

Representación de la unión de dos glaciares. La morrena lateral de cada uno de ellos ha formado una morrena central.

Un nevero es la zona de acumulación de nieve que con el tiempo, si aumenta la cantidad de nieve, puede convertirse en el circo de un futuro glaciar.

RESULTADOS DEL PASO DE UN GLACIAR

Cuando un glaciar desciende por la ladera de una montaña va **excavando un valle** que presenta típicamente una forma en U. En las paredes pueden observarse estrías provocadas por el desgaste de las zonas más blandas de la roca o por el paso de materiales arrastrados. En el fondo se acumulan materiales de desecho en forma de rocas más gruesas, que son más abundantes en el final de la lengua del glaciar al formar las **morrenas**. En ocasiones se encuentran grandes masas de roca aisladas en un antiguo terreno glaciar, se llaman **bloques erráticos** y se deben a la fuerza de arrastre del hielo.

LÍMITE DE LAS NIEVES PERPETUAS

Altitud a partir de la cual la nieve caída puede permanecer todo el año sin derretirse y dar lugar a un glaciar.

El circo de un glaciar aumenta de tamaño por erosión de sus paredes y puede llegar a unirse a otro al desgastarse la pared que los separa.

Los ventisqueros son rincones o hendiduras de la parte alta de las montañas donde la nieve y el hielo se conservan largo tiempo.

LÍMITE DE LAS NIEVES PERPETUAS EN DISTINTAS REGIONES

Lugar	Altitud (m)
Antártida	0
Spitzberg	500
Tierra del Fuego	500
Groenlandia	1.000
Noruega	1.500
Alpes	2.900
Aconcagua	3.700
Cáucaso	3.800
Perú	4.500
Himalaya	5.000
Kilimanjaro	5.200
Bolivia	5.500

ALUDES O AVALANCHAS

Una forma de erosión distinta a la de los **glaciares** pero debida también a la acumulación de nieve es la provocada por los **aludes** o **avalanchas**. Se trata de grandes masas de nieve que se desprenden de una zona alta y descienden al valle arrastrando consigo la vegetación y el material rocoso. Dejan una estela de terreno desnudo donde puede actuar más fácilmente la **erosión**. Se producen cuando se acumula mucha nieve en una zona de pendiente elevada, especialmente cuando se dispone sobre otra capa de distinta consistencia que sirve de plano de deslizamiento y queda entonces en equilibrio inestable. De modo espontáneo por la propia fuerza de la gravedad o a causa de una vibración (paso de esquiadores, un ruido intenso, etc.), la masa de nieve inicia el deslizamiento y a medida que desciende va incorporando nuevas masas hasta adquirir un gran volumen.

Los aludes no sólo devastan el terreno sino que a menudo producen daños materiales y causan víctimas.

Las avalanchas son más frecuentes en primavera o después de períodos de ascenso de las temperaturas.

LOS GLACIARES POLARES

Los casquetes de hielo que forman el **inlandsis** en el Ártico y en la Antártida son el otro tipo de glaciar y el que ocupa mayor volumen. Su modo de acción es distinto, pues en su mayor parte se extienden por terrenos llanos o flotan en el agua como sucede con el Ártico. En la Antártida los glaciares de las zonas montañosas funcionan del mismo tipo que los alpinos, pero están fusionados con la gran masa del inlandsis. El hielo va desplazándose y ejerce una enorme presión sobre el fondo, arrancando de él trozos de roca, que se depositan después sobre el fondo marino cercano al extremo del glaciar. Durante las glaciaciones, los glaciares de tipo polar cubrían gran parte de Norteamérica y Europa y dejaron relieves característicos.

Durante los últimos miles de años, los glaciares están retrocediendo y dejan al descubierto sus efectos: valles en U, rocas fragmentadas o pulidas, transporte de materiales y su depósito, nuevos lagos, etc. En la imagen, el glaciar Grey, en la Patagonia chilena.

DRUMLINS

Colinas de perfil suave separadas por depresiones y formadas durante el paso de los hielos en las glaciaciones.

Los icebergs (palabra de origen neerlandés, que significa "montaña de hielo") son bloques de hielo de gran tamaño desprendidos de la masa de hielo continental y que flotan en la superficie del mar, desplazándose por él. Constituyen un gran peligro para la navegación marítima.

LA EROSIÓN MARINA Y LAS COSTAS

La costa es la zona limítrofe entre la tierra firme y el mar y se encuentra sometida a la fuerte acción erosiva de esta agua, por lo que toma formas muy diversas dependiendo del tipo de terreno de que se trata y de la actividad de las olas y las corrientes marinas. Presenta acantilados y playas, deltas y estuarios y, en ocasiones, aparece recortada con antiguos valles inundados.

LA FUERZA DEL MAR

Los océanos, por su propia masa, poseen una enorme fuerza mecánica que es el principal **agente erosivo** que da forma a las costas. Esta acción la hacen distintas formas de la actividad oceánica. Una de ellas es el **oleaje**, que constantemente bate la orilla; además de la inercia propia que llevan, las **olas** también arrastran arena e incluso rocas, que erosionan fuertemente la estructura geológica costera. Otra acción, también importante, es la de las **corrientes marinas**, que actúan de modo permanente sobre los depósitos de material causados por el oleaje. Por último, las **mareas**, elevando y descendiendo el nivel del mar, arrastran muchos materiales que erosionan el fondo. Además de estas acciones mecánicas, hay que añadir el **efecto químico** del agua sobre las rocas y, aunque menor, la acción erosiva del viento.

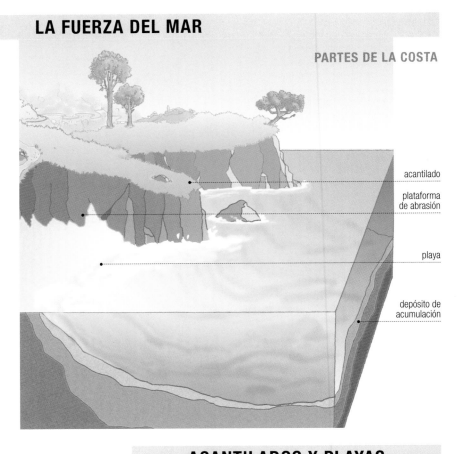

PARTES DE LA COSTA

acantilado

plataforma de abrasión

playa

depósito de acumulación

EROSIÓN LITORAL

Acción de modelamiento de la costa por el oleaje, las corrientes y las mareas.

La superficie total litoral que queda al descubierto durante las mareas en todo el mundo es de unos 150.000 kilómetros cuadrados.

PENÍNSULA

Es una porción de tierra más o menos grande rodeada de agua por todas partes menos por una, relativamente estrecha, llamada istmo, que la une a otra porción de tierra mucho mayor.

ACANTILADOS Y PLAYAS

Cuando el terreno emergido es abrupto, la línea litoral suele formar un **acantilado**, es decir, un corte de pendiente elevada, o incluso vertical, que puede tener una considerable altura. La acción del **oleaje** y las **corrientes** arranca material rocoso y acaba acumulándolo a los pies del acantilado, formando un depósito que al principio queda bajo el agua pero que después puede emerger formando una pequeña playa. Es lo que se conoce como **plataforma de abrasión**. En los terrenos de pendiente suave, la acción del oleaje da lugar a la aparición de las **playas**, que son acumulaciones de material rocoso fino (arena). Esta **acumulación** de arena se extiende por debajo de la superficie del agua hasta continuarse a menudo con el material del fondo. En la parte emergida de las playas se forman con frecuencia **dunas**.

CABOS Y GOLFOS

Entre el mar y la costa se forman numerosos accidentes geográficos. Así, un **cabo** es una parte de la costa que se adentra de manera aguda en el mar; en cambio, un **golfo** es una penetración de grandes dimensiones del mar en la costa en forma de curva, y en cada uno de sus extremos se suele encontrar un cabo; una **bahía** es como un golfo, pero más abierto y de dimensiones más reducidas; una **ensenada** es un entrante del mar, reducido y protegido, mientras una **cala** es una ensenada estrecha y de paredes escarpadas.

Las playas están formadas por la acumulación de arena o grava.

Cuando las olas baten directamente en su base, el acantilado se llama **vivo**, pero si tiene una zona de materiales de depósito se llama **muerto**.

Costa accidentada en la que predominan los acantilados.

La vegetación submarina y los animales que viven sobre el fondo también contribuyen a modelar la línea costera, sobre todo si existen corales.

ESTUARIOS, DELTAS Y ESTANQUES COSTEROS

La erosión marina no se limita a la línea costera sino que puede penetrar una cierta distancia por los ríos. La zona del curso fluvial donde es perceptible el efecto de las mareas se llama **estuario**. Los materiales sedimentarios que arrastra un río llegan al mar y se depositan cerca de la desembocadura, actuando entonces la acción del mar contra la fuerza del río y el resultado es la aparición de un **delta**, que queda sometido a los procesos de erosión. Éstos hacen que el delta cambie con frecuencia de aspecto, que se formen nuevas playas y que aparezcan estanques intermedios. A veces los depósitos de arena se acumulan paralelos a la costa y acaban por cerrar una porción de agua marina, creando entonces un **estanque costero**, que dará lugar a **marismas**. También aparecen cuando se cierran brazos fluviales en un delta y quedan sometidos a la acción de las corrientes y mareas.

Las marismas son terrenos pantanosos, cercanos al mar. A menudo se las explota para la cría intensiva de ganado o para el cultivo. También son importantes para el reposo de las aves migratorias. En la imagen, marismas de la Camargue (Francia).

OTROS TIPOS DE COSTAS

Además de todos éstos, un tipo de costa de origen especial es el formado por antiguos valles terrestres que han quedado inundados por las aguas marinas. Forman entonces las rías y los fiordos. La costa adquiere en estos casos una morfología que puede ser muy abrupta. Cuando el valle era de tipo fluvial y por él discurría un río que le dio forma, se dice que se trata de una **ría**. Cuando el valle formaba parte de un antiguo glaciar, entonces se trata de un **fiordo**.

Los fiordos aparecen más desarrollados en las costas occidentales de todos los continentes.

Una ría es un valle fluvial invadido por el mar e influido por la penetración de las mareas.

LOS PAISAJES HUMANOS: DE EXPLOTACIÓN

Todos los organismos alteran en cierta medida el entorno en que se encuentran y, como ya hemos visto, algunos de ellos son importantes agentes modeladores del paisaje. El ser humano, sin embargo, posee una elevada capacidad de alteración gracias a sus progresos técnicos. Eso ha hecho que los paisajes surgidos por la influencia humana ocupen un porcentaje nada desdeñable de la superficie del planeta.

PAISAJES AGRÍCOLAS

Desde que se inventó la **agricultura**, el hombre ha ido ocupando cada vez más terrenos para cultivar plantas con las que alimentarse él o su ganado. En los pueblos primitivos, como algunas tribus amazónicas, se despeja una pequeña zona de bosque o selva para cultivar allí plantas mientras que el suelo permanece fértil. Al cabo de pocos años, ha de abandonarse y desforestar otra zona para comenzar a cultivar. Más avanzada es la **agricultura tradicional** que destina tierras de manera permanente a los cultivos, aportando **abonos** que mantienen su fertilidad. Las parcelas suelen estar separadas por setos naturales y pequeños bosquetes. Por último, la **agricultura industrial** destina enormes extensiones al cultivo de una misma planta, es decir, practica un **monocultivo**.

Los monocultivos favorecen la aparición de plagas y aniquilan la fauna y flora autóctonas.

Las tierras de cultivo tradicionales, con setos naturales o bosquetes, permite la existencia de la fauna autóctona.

El cultivo modifica radicalmente el suelo.

PAISAJES FORESTALES

La **madera** es necesaria para la construcción, como combustible y para la obtención de papel. Pero ya que los bosques naturales han ido desapareciendo, en muchos países se destinan grandes extensiones de terreno para **cultivos forestales** de especies de interés. Estos bosques son en realidad **monocultivos** y, en general, empobrecen la flora y fauna de la región. Las **coníferas** son algunas de las principales especies forestales empleadas para estos fines. También se cultivan eucaliptos, álamos, etc. La gestión cuidadosa de una explotación forestal puede contribuir a impedir daños en los bosques naturales.

La planes de explotación y repoblación forestal deben conservar las especies autóctonas y evitar sustituirlas por especies exóticas de crecimiento más rápido o de mayor interés comercial.

La obtención incontrolada de maderas valiosas de los bosques tropicales está provocando su desaparición.

PAISAJES GANADEROS

Este tipo de paisajes comprende tanto **praderas** y **prados** como terrenos donde se cultivan especies forrajeras para pasto del **ganado**. Hay extensiones naturales, como la **pradera norteamericana** o la **pampa** sudamericana, que a lo largo del siglo XX se han convertido en granjas ganaderas, con cercados e instalaciones para almacenamiento de forrajes y mantenimiento de los animales. Los paisajes ganaderos constituyen una alteración especialmente importante para la fauna silvestre, que ve notablemente limitados sus recursos.

La tala de árboles en la Amazonia para conseguir pastos destinados a la industria ganadera es uno de los factores de destrucción de esta selva tropical.

Aspecto de un prado escocés.

LA MINERÍA

La extracción de minerales en explotaciones a **cielo abierto**, es decir, al aire libre, supone una grave alteración del paisaje. Este tipo de actividad puede destruir montañas y alterar con los **residuos** el curso de ríos y de **acuíferos**. La minería subterránea mediante excavación de galerías no altera en sí el paisaje, aunque las instalaciones auxiliares y sus residuos provocan en ocasiones grandes daños.

Una cantera es una explotación a cielo abierto de materiales para la construcción (piedra de cantería, mármol, gredas, yeso, etc.). Afean y destruyen por completo el paisaje, ya que dejan la roca madre desnuda.

La minería de los metales se remonta a varios miles de años. La de los productos energéticos como el carbón, en cambio, es relativamente reciente.

PRESAS Y EMBALSES

Los castores llevan construyendo pequeñas **presas** desde hace miles de años, pero las que construye el hombre poseen una enorme capacidad de alteración del paisaje. Algunas miden más de 100 metros de altura y otras, cientos de metros de longitud. El resultado es una enorme capacidad de almacenamiento de agua, que se utiliza para el suministro de **agua potable** a las ciudades, el **riego** con fines agrícolas o la producción de **energía eléctrica**.

La gran presa de Asuán (Egipto), aunque proporciona buena parte de la energía eléctrica del país y controla las periódicas inundaciones del Nilo, está causando notables daños ecológicos.

LOS PAISAJES HUMANOS: DE CONSTRUCCIÓN

Los pastos, las tierras de cultivo o las minas a cielo abierto son alteraciones provocadas para obtener recursos de la naturaleza, ya sean alimentos o energía. Hay otras alteraciones del paisaje que están destinadas a la propia actividad humana y que, en general, provocan mayores perturbaciones y generan residuos a menudo contaminantes. Son las que veremos a continuación.

PAISAJES URBANOS

Ha habido **ciudades** desde la antigüedad, pero desde la época industrial el crecimiento de éstas se ha acelerado, y en la actualidad en muchos países la mayor parte de la población reside en las **urbes**. Las grandes **metrópolis** alteran por completo el entorno y crean a su alrededor un **microclima** particular. Los paisajes urbanos se caracterizan por el gran consumo de **recursos** (agua potable, electricidad, alimentos, productos energéticos, etc.).

Además de los problemas medioambientales, la urbanización supone también una necesidad de espacio para la construcción que, en general, corre a costa de terrenos útiles para la agricultura.

La iluminación de las grandes ciudades es tan intensa durante la noche que puede contemplarse desde el espacio.

La temperatura media de las grandes ciudades es siempre algunos grados superior a la del entorno.

LOS PUERTOS Y AEROPUERTOS

Los **puertos** son infraestructuras construidas en la costa que pueden alterar gravemente la circulación de las corrientes marinas, modificando el equilibrio natural de los ecosistemas litorales. Aunque el tráfico de pasajeros tiene en la actualidad una menor importancia, el transporte de mercancías y de productos energéticos, como el petróleo, hace que sean instalaciones estratégicas en todos los países. Alrededor del puerto, debe construirse una gran red de **instalaciones auxiliares** (almacenes, depósitos de combustible, vías de enlace a otros medios de comunicación, etc.). Los **aeropuertos** se sitúan cerca de las grandes ciudades y en ellos el tráfico de pasajeros es de igual o mayor importancia que el de mercancías.

Los principales problemas derivados del tráfico aéreo son la contaminación atmosférica y el ruido.

LAS VÍAS DE COMUNICACIÓN

Las vías de comunicación terrestres son elementos imprescindibles en todas las sociedades modernas, pero ejercen un enorme impacto sobre el medio natural. Salvo que se construyan siguiendo normas medioambientales, tanto **carreteras** y **autopistas** como vías de **ferrocarril** dividen los paisajes naturales en unidades cerradas, lo que resulta especialmente perjudicial para la fauna silvestre. Estas vías de comunicación exigen además la construcción de puentes y túneles, así como de servicios auxiliares (gasolineras, restaurantes, estaciones de ferrocarril, etc.).

Las vías de acceso, comunicación y suministro de las grandes ciudades exigen infraestructuras que modifican notablemente el paisaje.

Para permitir la libertad de movimiento de los animales, algunas vías de ferrocarril rápidas y autopistas modernas disponen de pasos para la fauna.

Los minerales son recursos que pueden reciclarse; los productos energéticos como el carbón y el petróleo no son renovables.

CONTAMINACIÓN VISUAL

Desde hace unos años se está utilizando el concepto de contaminación visual para referirse a aquellas construcciones que, aunque no perjudiquen gravemente el paisaje o el suelo, sí lo afean o desvirtúan. Es el caso de una línea de alta tensión por un valle especialmente bonito, las vallas de publicidad junto a las carreteras, los monumentos o símbolos en las cumbres de montañas, etc.

LOS CENTROS INDUSTRIALES

Los paisajes industriales son un elemento que desde el siglo XIX han ido adquiriendo una considerable notoriedad. Aunque son centros de producción de **bienes**, son también receptores de grandes cantidades de **recursos**. Además, en general se encuentran situados en zonas provistas con buenos medios de comunicación. El principal problema que plantean fábricas y centrales energéticas es la **contaminación**, que aunque se ha logrado reducir en los países industrializados, sigue constituyendo un grave problema medioambiental. Sin embargo, desde la segunda mitad del siglo XX los sectores industriales más contaminantes han ido trasladándose desde los países más desarrollados a los menos desarrollados, donde son menores las medidas contra la contaminación.

Los complejos industriales y fabriles, aparte de ocupar grandes espacios, contaminan principalmente el aire y el agua.

REPRESENTACIÓN DE LA TIERRA

El hombre siempre ha tenido necesidad de desplazarse de unos lugares a otros. Unas veces en busca de alimento o de nuevos territorios, otras para llegar a mercados lejanos en sus actividades mercantiles o para conquistar las ciudades de sus enemigos. Para hacerlo ha necesitado saber qué forma tenía la Tierra. Veremos aquí alguna de las técnicas desarrolladas para saber cómo es efectivamente nuestro planeta.

LA FORMA DE LA TIERRA

Los pueblos de la antigüedad sintieron ya interés por conocer el terreno donde vivían y los lugares vecinos. A efectos prácticos se estimaba la duración de los desplazamientos dentro de las regiones conocidas. Pero también interesó cada vez más la **forma** que tendría la Tierra. Al parecer los egipcios la concebían redonda, lo mismo que afirmaban **Pitágoras** y **Aristóteles**, aunque el mundo griego consideró que era un plano flotando en el espacio. La idea persistió en mayor o menor grado hasta que los exploradores del siglo XVI dieron la vuelta al planeta con sus barcos.

GEODESIA

Es la ciencia que estudia la forma que tiene nuestro planeta.

Las mapas antiguos se realizaban según las anotaciones de los exploradores y, a su vez, servían de orientación para nuevas exploraciones.

GRADO

Cada una de las 360 unidades en que puede dividirse un círculo.

REPRESENTACIÓN DE LA ESFERA TERRESTRE

meridiano

paralelo

ecuador

R= radio de la Tierra

N

R

S

LA SUPERFICIE DEL PLANETA

Eratóstenes (276-195 a.C.) fue el primero en calcular el **radio** de la esfera terrestre. Esta medida es esencial para determinar todas las restantes que se hacen sobre la superficie. La idea inicial era que la Tierra era una esfera, pero cálculos posteriores, como los realizados por **Newton**, demostraron que esa esfera estaba achatada por los polos. Con el avance de las matemáticas se perfeccionaron los cálculos y, a mediados del siglo XIX, un proyecto internacional comenzó a realizar mediciones exactas en todos los lugares de la geografía destinados a averiguar lo que valía un **grado**. Al cabo de 20 años, los científicos dispusieron de datos suficientes para hacer una representación muy exacta del planeta. Es un modelo matemático llamado **geoide**, pero la superficie real presenta ligeras variaciones locales con ella y en unos lugares está algo más achatada que en otros.

Las diferencias de gravedad entre distintos puntos de la superficie de la Tierra indican que existen irregularidades en su superficie.

LOS INSTRUMENTOS TOPOGRÁFICOS

Para realizar mediciones de la superficie terrestre se utilizan en la actualidad instrumentos muy variados. Los más sencillos son la **plomada** y una estaca con marcas situadas a una distancia que debe calcularse. Para determinar esas distancias y los ángulos entre distintos puntos se utilizan **teodolitos**. Estos métodos se siguen utilizando para determinar las distancias y alturas sobre el terreno, por ejemplo, cuando se va a construir una carretera o un edificio. Para mediciones de mayor envergadura se utilizan instrumentos de gran precisión y se recurre también a medidores de la **gravedad**, emisores de **radio** y, en los últimos años, **satélites artificiales** que permiten calcular con gran precisión la distancia entre cualquier punto de la Tierra.

El teodolito es un instrumento de precisión destinado a medir ángulos y que va provisto de anteojos para localizar los puntos de referencia señalizados.

La cinta métrica es una banda de tela reforzada dividida en unidades del sistema métrico decimal. Se emplea para medir longitudes pequeñas.

MÉTODOS DE MEDICIÓN

Para medir distancias cortas se usan métodos directos como una **cinta métrica**. Para las restantes distancias se emplean métodos indirectos de tipo geométrico: se determinan los **ángulos** de un triángulo donde se conoce la distancia de uno de los lados y así puede calcularse la de los restantes. Este método se llama de **triangulación**. De este modo se van construyendo triángulos sucesivos sobre la superficie y se calculan todas las distancias. También hay que calcular la **altitud** de cada punto con respecto al nivel del mar. Se determina así una serie de **cotas** y al unir todas las del mismo valor sobre el mapa, se obtiene una línea cerrada que se denomina **curva de nivel**.

COTA

Altitud de un punto de la superficie con respecto al nivel del mar.

Las curvas de nivel permiten conocer el relieve de un terreno concreto. Cuanto más juntas están las líneas, mayor es el desnivel en ese punto. En el dibujo podríamos reconocer dos colinas, de 80 m de altitud la de la izquierda y de 70 m la de la derecha.

91

REPRESENTACIÓN DE LA TIERRA: LOS MAPAS

Unas simples marcas trazadas como referencia en un trozo de cuero son algunos de los mapas más antiguos que conocemos. En la actualidad disponemos de todo tipo de mapas, adecuados para las más diversas actividades. La representación de la superficie terrestre sobre un plano presenta problemas ya resueltos con las técnicas comentadas en el apartado anterior.

LOS SISTEMAS DE REPRESENTACIÓN

Con ayuda de los datos que se obtienen gracias a la topografía, es posible elaborar los mapas. El principal problema consiste en que hay que representar sobre una superficie plana lo que en realidad es una superficie esférica. Desde la antigüedad se han hecho distintos intentos de solucionarlo. En la actualidad se emplean las **proyecciones geográficas**, es decir, transformar los datos topográficos en valores sobre un plano, para lo cual hay que ir haciendo pequeñas correcciones. Se divide la superficie terrestre en secciones llamadas **retículos geográficos**

y se trasladan al plano por medio de un sistema de coordenadas. El resultado es un mapa donde las coordenadas representan los grados de latitud (los **paralelos**) y de longitud (los **meridianos**).

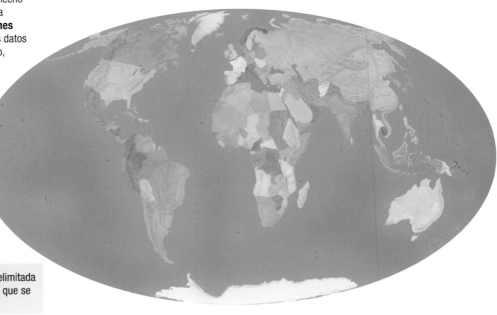

Los mapamundi nos permiten ver toda la superficie de la Tierra a costa de deformar su superficie.

RETÍCULO GEOGRÁFICO

Sección de la superficie terrestre delimitada por dos paralelos y dos meridianos, que se puede representar en un plano.

LOS SATÉLITES ARTIFICIALES

Desde que se lanzaron al espacio los primeros satélites, se han venido utilizando para conseguir mapas cada vez más precisos de la superficie de nuestro planeta. Desde ellos se pueden medir las distancias con ayuda de emisiones de radio y se realizan también fotografías de gran precisión. El satélite va tomando fotos de secciones pequeñas de la superficie y después se deben ir uniendo para conseguir una representación exacta de la forma de los accidentes geográficos. Estos métodos han permitido por primera vez conseguir una imagen real de nuestro planeta.

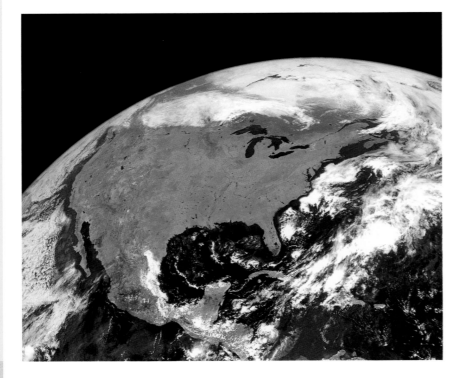

Sección de la Tierra (concretamente América del Norte y Central) fotografiada desde un satélite.

TIPOS DE MAPAS

Hay muchos tipos de mapas cada uno de los cuales se utiliza para un fin determinado. Dependiendo del uso, la representación será con mayor o menor detalle. Para un **mapamundi** que representa todo el planeta, la precisión es menor e incluso desaparecen muchos accidentes geográficos. La escala del mapa nos indica el grado de precisión que puede conseguirse. Dependiendo de la escala se distinguen los siguientes tipos de mapas:

1) **geográficos**, representan la orografía mediante colores;

2) **orográficos** (de 1:100.000 hasta 1:1.000.000) para representar con detalle los grandes accidentes geográficos;

3) **topográficos** (de 1:10.000 a 1:100.000) para representar fielmente el terreno y señalar obstáculos artificiales;

4) **planos catastrales**, **urbanos**, etc. (de menos de 1:10.000) para representar con exactitud límites entre propiedades, etc.

MAPAS ESPECIALES

A partir de cualquiera de los tipos de mapas principales, es posible elaborar otros especializados y destinados para fines concretos. Un buen ejemplo es el de los **mapas de carretera**, que representan en un plano fundamentalmente las vías de comunicación y la situación de las poblaciones. En estos mapas no se acostumbran a señalar los accidentes geográficos, salvo aquellos que afectan directamente a la vía de comunicación, como son los ríos que deben atravesarse. Los

Mapa geológico. Los colores indican los materiales que forman el suelo.

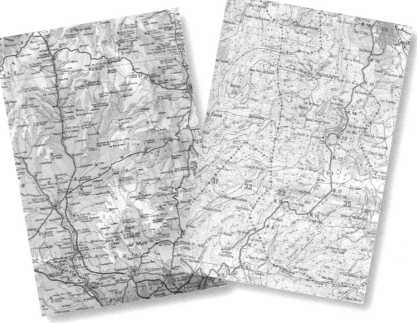

Mapa geográfico (escala 1:25.000). Cuanto más pequeña es la escala, más detalles sobre el mapa.

Mapa topográfico (escala 1:50.000). Las curvas de nivel proporcionan información sobre las altitudes.

mapas para excursionismo representan con detalle y a baja escala los accidentes naturales (ríos, lagos, etc.) y artificiales (edificios, puentes, etc.) y dan una idea del relieve con ayuda de las líneas de nivel. Cuanto más próximas estén, mayor será la pendiente que encontraremos, lo que resulta de gran utilidad para planificar la ruta. En estos planos se indica también la situación de los puntos cardinales.

Mapa de carreteras. En él, lo más importante son las vías de comunicación.

ESCALA

Relación entre las dimensiones del mapa y las reales. Así, una escala 1:10.000 indica que 1 cm en el mapa significa 100 m en el terreno.

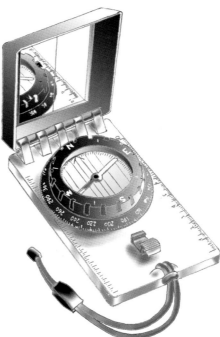

Para poder utilizar correctamente una guía cartográfica en una excursión es necesario utilizar también una brújula.

ÍNDICE ALFABÉTICO DE MATERIAS

Introducción

Origen
de la Tierra

Historia
geológica

Cristalografía

Los minerales

Las rocas

Actividad
del planeta

Meteorología

Tipos
de clima

Mares y
océanos

Las aguas
terrestres

Formación
del paisaje

La erosión

Paisajes
humanos

La cartografía

**Índice
alfabético
de materias**